HISTOIRE DU DÉPARTEMENT DE LA CÔTE-D'OR

Par L. ANGOT

Inspecteur de l'Enseignement primaire, Officier d'Académie.

I. CÔTE-D'OR JUSQU'A L'INVASION DES BARBARES. — Partis à une époque inconnue des vastes plateaux de l'Asie centrale, les Celtes s'avancèrent vers l'Occident et envahirent la Gaule; ils en peuplèrent le centre. Le pays formant aujourd'hui le département de la *Côte-d'Or* fut donc occupé par ces envahisseurs; et, au temps de César, deux peuplades celtes y étaient établies : les *Lingons*, au Nord, et les *Mandubiens*, au Sud.

Ces derniers faisaient partie de la puissante Confédération des *Edues*, qui avait pour voisins les Sénons, les Lingons, les Séquanes, les Allobroges, les Arvernes et les Bituriges.

Industrieux et actifs, nos aïeux eurent des fabriques, dans lesquelles ils travaillèrent l'or et l'argent, et ils trouvèrent le placage pour l'ornementation des chars de guerre et des harnais.

Lors de l'établissement des Romains dans la basse vallée du Rhône, les Edues demandèrent et obtinrent l'alliance de Rome (122). Ils mirent à profit cette alliance pour combattre les Suèves, peuple germain qui avait envahi la vallée de la Saône au nombre de 120,000, et les Helvètes, descendus de leurs montagnes, à la recherche d'une autre patrie. Les Helvètes furent défaits par Jules César, sur la Saône, obligés de rebrousser chemin et de rentrer chez eux; les Suèves, battus, retournèrent en Germanie (58).

Les Édues restèrent fidèles à l'alliance de Rome pendant le premier soulèvement général du Nord et de l'Est de la Gaule, dirigé par *Ambiorix* et *Indutiomar* (53 ; mais, l'année suivante, lors de l'insurrection générale du pays, sous la direction de *Vercingétorix*, les Édues se prononcèrent contre les Romains et s'engagèrent résolument dans la lutte nationale ; toutes les garnisons romaines et tous les marchands italiens furent massacrés dans les villes éduennes. Cette défection rendait la situation de Jules César si critique, qu'on agita, en son camp, un projet de retraite dans la *Province*.

Les Lingons ne suivirent pas le mouvement d'insurrection et ne parurent pas à l'assemblée générale qui confirma à Vercingétorix la direction suprême. Grâce à cet appui, Jules César soudoya plusieurs bandes germaniques, qui prirent une part importante à la grande bataille qu'il livra à Vercingétorix, près des bords de la Saône. L'armée gauloise, vaincue, fut rejetée en désordre sous les murs d'*Alésia*.

C'est autour de cette ville, et sur le territoire des Mandubiens, que va se décider le sort de la Gaule.

Quand le voyageur se rend, aujourd'hui, par chemin de fer, de Montbard à Dijon, il aperçoit, à sa droite, près de la gare des Laumes, un plateau escarpé, d'une altitude de 418 mètres, détaché du massif de l'Auxois, s'étendant de l'est à l'ouest sur une longueur de plus de deux kilomètres, d'une largeur extrême de 800 mètres, et flanqué de deux rivières : l'Oze et l'Ozerain. C'est l'emplacement de l'antique Alésia. Situation formidable pour l'époque, alors que la ville était encore entourée de murailles hautes et épaisses, Alésia passait, non sans raison, pour l'une des places les plus fortes de la Gaule.

Vercingétorix établit ses 80,000 hommes sur les flancs du mont Auxois, en dehors des murs de la ville, fit sortir du camp ses 10,000 cavaliers, les envoyant soulever en masse les peuplades gauloises, pour venir tous se ruer sur l'armée assaillante, pendant que lui-même l'attaquerait du côté de la ville.

Le secours, qu'on avait si longtemps et si impatiemment attendu, fut enfin signalé ! Mais, hélas ! Jules César avait eu le temps d'élever fortifications sur fortifications ; et, lorsque les 250,000 guerriers gaulois assaillirent le camp romain, ils furent défaits sans espoir de revanche, et Vercingétorix se rendit à son vainqueur.

Aujourd'hui, une statue du héros gaulois, mesurant sept mètres, et placée sur un piédestal de même dimension, s'élève au sommet du mont Auxois ; et le voyageur qui, de son compartiment de chemin de fer, suit, de l'œil, le colosse gaulois, sur un trajet de près de cinq kilomètres, ne peut s'empêcher de songer aux luttes terribles soutenues par nos aïeux pour la défense de l'indépendance nationale.

Des changements importants et profonds furent apportés, par les Romains, dans l'organisation politique de la Gaule, afin d'effacer les traces de l'ancienne division par tribus, et de faire oublier plus facilement aux vaincus la patrie gauloise. La Celtique, appelée *Lugdunaise*, de sa capitale, *Lugdunum* (Lyon), fut divisée en quatre provinces ; et notre département appartint à la *Première Lugdunaise*.

D'autre part, des privilèges furent accordés à diverses peuplades ; celle des Édues conserva le titre d'alliée.

C'est pendant l'occupation romaine que le christianisme fut prêché en Gaule.

La région de la Côte-d'Or fut évangélisée par *saint Bénigne* et ses compagnons, *Andoche* et *Tyrse*. Envoyés dans les Gaules par l'évêque de Smyrne, saint Polycarpe, disciple de saint Jean l'Évangéliste, ils arrivèrent en Bourgogne vers 157 et répandirent la « bonne nouvelle » dans tout le pays des Édues, des Mandubiens et des Lingons. Ils souffrirent le martyre par ordre de l'empereur Marc-Aurèle, de passage à Dijon, dans sa marche contre les Marcomans : saint Bénigne, à Dijon, saint Andoche et saint Tyrse, à Saulieu (178).

Quelques commotions politiques se firent sentir en Gaule pendant l'occupation romaine. Parmi ces soulèvements partiels, nous mentionnerons celui de *Sabinus*, chef belge, qui proclama l'empire gaulois. Vaincu, obligé de se réfugier dans un souterrain, il y vécut neuf ans, avec sa femme *Éponine*, qui, dans cette retraite, donna naissance à deux enfants. Découvert, Sabinus fut conduit à Rome et mis à mort, malgré les supplications d'Eponine, qui partagea, sur sa demande, le sort de son époux.

Sabinus était puissant chez les Lingons, où il possédait de grands biens. On n'est pas loin d'affirmer que le souterrain, dans lequel il cacha son infortune, faisait partie du château de Griselles, petite localité actuelle du canton de Laignes. Sur les ruines de l'ancien château s'élève une petite église renfermant une crypte qui, dit-on, se trouvait anciennement en communication avec plusieurs souterrains, et dans laquelle se remarque un monument avec l'épitaphe suivante :

MONIMENT
V M SABINEI.
!. SABINIA
NI - A. N. IXYIJJ

II. Côte-d'Or, depuis l'invasion des barbares et la formation du premier royaume de Bourgogne (413) jusqu'à sa conquête par les fils de Clovis. (534). — Cependant l'empire romain touchait à sa fin ; attaqué de toutes parts par les peuples germains, il va se démembrer et bientôt disparaître. La Gaule, par sa position et sa richesse, fut une des premières provinces romaines soustraites à l'autorité directe des Romains.

Gondicaire, chef des *Bourguignons*, passa le Rhin en 407 et s'établit en Gaule, où il fonda dans l'Est un royaume que l'empereur Honorius lui assura par traité en 413 ou 414, à condition de défendre le passage de l'Italie contre les autres Barbares. Bientôt Gondicaire étendit ses Etats jusqu'au Rhône et fit sentir le poids de ses armes dans les pays de Metz, de Toul et de Verdun (427). Mais, en 435-436, il fut battu par *Aëtius* et se reconnut tributaire de l'Empire. Gondicaire périt l'année suivante dans une sanglante bataille contre les Huns défaite où les Bourguignons laissèrent plus de 20,000 de leurs soldats.

Son fils, *Gondioc* ou *Gundéric*, lui succéda. Son règne, paisible dans ses premières années, répara les fautes de Gondicaire et augmenta les forces du pays, affaibli par les luttes contre les Huns.

Les troupes bourguignonnes se distinguèrent à la bataille de *Châlons-sur-Marne*, livrée aux Huns (451); mais Attila, vaincu, traversa la Bourgogne pour se rendre en Italie, en ravageant tout le pays et la partie de ce royaume qui devint le département de la Côte-d'Or.

Gondioc alla guerroyer jusqu'en Espagne, et, à son retour, il procéda au partage des terres entre les Bourguignons et les anciens habitants du pays (457). De nouvelles conquêtes, (Langrois, Éduen, Nivernais, Lyonnais, Seconde Narbonaise jusqu'à la Durance) firent prendre au Royaume de Bourgogne une étendue relativement considérable, en lui assurant une véritable consistance.

La date de la mort de Gondioc est restée inconnue. Il laissait quatre fils : Gondebaud, Godegesile, Chilpéric et Godomar, qui se partagèrent ses États.

Notre pays (Côte-d'Or) échut à *Gondebaud* qui, paraît-il, eut, dans son lot, le Lyonnais, le pays des Éduens et *quelques contrées voisines*.

Des discordes éclatèrent bientôt entre les princes bourguignons. En 491, Chilpéric tomba entre les mains de Gondebaud qui le fit décapiter, mais épargna ses deux filles *Chrome* et *Clotilde* : l'aînée se consacra au service des autels; Clotilde fut reléguée à Genève d'où elle sortit pour épouser Clovis. — Godomar, qui avait pris part à la lutte, se laissa brûler vif à Vienne plutôt que de se rendre.

Godegesile, jaloux de Gondebaud, se ligua secrètement avec Clovis; et, à la célèbre bataille de *Fleurey-sur-Ouche*, près de Dijon (500), Gondebaud, trahi par son frère, éprouva une sanglante défaite. Il devint tributaire de Clovis; mais, l'année suivante, la guerre éclata entre les deux frères et Godegesile fut massacré dans une église arienne de Vienne.

Gondebaud, seul souverain de Bourgogne, administra ses États avec sagesse et esprit de justice. Il publia en 502 la *loi Gombette*, d'un caractère doux pour l'époque, et indiquant un degré de civilisation assez avancé.

Ce fut sous Gondebaud qu'eurent lieu l'invention et la translation du corps de saint Bénigne à Dijon (506):

quelque temps après, *saint Grégoire*, grand-père de l'historien, Grégoire de Tours, et évêque de Langres, établit près du tombeau de ce martyr la célèbre abbaye de Saint-Bénigne, qui eut *Eustade* pour premier abbé.

Son fils *Sigismond*, qui lui succéda, était marié à Ostrogothe, fille de Théodoric, roi d'Italie. A la mort d'Ostrogothe, en 516, il prit pour seconde femme une suivante de cette princesse, et cette alliance fut la cause de graves désordres dans la famille royale, qui entraînèrent la ruine du royaume de Bourgogne.

En 522, Sigismond fit étrangler un de ses enfants du premier lit; puis, accablé de remords, il entra dans un monastère, laissant le pouvoir à son frère *Godomar II*. D'autre part, la reine Clotilde excita ses fils Clodomir, Childebert et Clotaire contre le roi de Bourgogne. Une lutte sans merci s'engagea entre ces princes (523). Sigismond, qui était sorti de son cloître, fut fait prisonnier et jeté dans un puits, par ordre de Clodomir, avec sa femme et ses enfants (524). Clodomir périt la même année.

La guerre continua entre *Godomar II*, roi de Bourgogne, et les fils de Clovis : elle ne prit fin qu'en 534 par la réunion des Etats de Bourgogne à la monarchie franque. De son côté, Théodoric, roi d'Italie, enlevait le Valais aux Burgondes.

III. CÔTE-D'OR DEPUIS 534 JUSQU'A 613. — Les Bourguignons passèrent sous la puissance de *Théodebert*, fils et successeur de Thierry, roi d'Austrasie ; ils conservèrent certains privilèges et le droit de vivre sous leur loi nationale, la loi Gombette.

Théodebert, en 536, envoya au roi d'Italie un secours de 10,000 Bourguignons, pour permettre à ce dernier de se défendre contre Bélisaire. La ville de Milan fut prise par eux après un siège de deux ans (538) : les hommes et les enfants en furent massacrés, et les femmes livrées aux Bourguignons, à titre d'esclaves, en reconnaissance du service rendu.

Théodebert, le prince le plus accompli des descendants de Clovis « le grand roi des Français », comme on l'a appelé, mourut en 548 d'un accident de chasse. Son fils naturel, *Théodebald*, lui succéda sans aucune difficulté; mais il mourut en 553, âgé seulement de 14 ans.

Clotaire, déjà roi de Soissons, s'empara de l'héritage et imposa son autorité en Austrasie et en Bourgogne.

Chramne, fils de Clotaire, prince débauché, détesté du peuple, se révolta contre son père. Ce mauvais fils, après le siège de Châlon-sur-Saône, s'approcha de Dijon, qui lui résista et refusa de lui ouvrir ses portes. (556). On dit qu'étant entré dans l'église de Saint-Jean-Baptiste, située hors des murs de l'ancien Dijon, il voulut consulter les livres saints, pour augurer de l'avenir, et que les livres saints, par trois fois, lui annoncèrent la mort misérable qui l'attendait, s'il persistait dans sa révolte.

Clotaire, seul roi des Francs depuis 558, mourut en 562. Ses États furent partagés entre ses quatre fils : Caribert, Gontran, Sigebert et Chilpéric. La Bourgogne échut à Gontran, qui en forma un nouveau royaume, bien différent, au nord et à l'ouest, du premier royaume de Bourgogne.

Le règne de Gontran forme une période bien tourmentée : guerres continuelles entre les fils de Clotaire; conspirations, meurtres et violations de la foi jurée; pilleries et calamités de toutes sortes, peste, incendies, tremblements de terre, inondations du Rhône et de la Saône, portèrent la désolation, la misère et la terreur dans tous les pays de Bourgogne.

Gontran mourut à Châlon-sur-Saône, âgé de 60 ans (593).

Childebert II succéda à Gontran sans opposition (593) en réunissant à l'Austrasie les royaumes de Bourgogne, d'Orléans, et une fraction de celui de Paris. Il mourut, en 596, laissant deux jeunes fils, *Théodebert* et *Thierry*, le premier roi d'Austrasie, et le second de Bourgogne et d'Orléans.

La rivalité de Frédégonde, reine de Neustrie, et de Brunehaut, reine d'Austrasie; l'ambition de cette dernière, après la mort de Frédégonde, engendrèrent des guerres continuelles, des pillages et des calamités sans nombre, qui ensanglantèrent la Bourgogne, et y portèrent la ruine.

Thierry mourut en 613, laissant quatre fils, dont aucun ne lui succéda, malgré les efforts de Brunehaut, leur arrière-grand'mère. Cette dernière, trahie par les Bourguignons et arrêtée à Orville (canton de Selongey), fut amenée à Clotaire, à Renève-sur-Vingeanne; il en tira l'affreuse vengeance que l'on connaît.

Quant aux fils de Thierry ils furent égorgés, et Clotaire se trouva seul maître de toute la monarchie franque. La Bourgogne fut donc, une seconde fois, réunie à la couronne de France.

IV. CÔTE-D'OR DEPUIS 613 JUSQU'A 752. — La Bourgogne ne se donna à Clotaire II qu'à condition qu'elle conserverait ses franchises, ses libertés et ses usages, et qu'elle aurait ses officiers particuliers pour la gouverner. *Garnier*, maire du Palais de Bourgogne, se vit confirmer son emploi pour le reste de sa vie et exerça une sorte de vice-royauté, dont l'indépendance rejaillit sur les seigneurs bourguignons.

Clotaire II, d'un caractère soupçonneux, voyait des dangers et des intrigues partout: des expéditions militaires et des exécutions sanglantes en Bourgogne s'ensuivirent, qui n'en assurèrent pas plus l'autorité du roi dans ce pays.

Le maire Garnier mourut en 626; son fils *Godin* lui succéda, mais il fut bientôt assassiné par ordre de Clotaire II. Ce prince, sans grandeur et sans mérite, mourut en 627, à l'âge de 45 ans, après en avoir régné 15 sur la Bourgogne.

Son fils *Dagobert*, déjà roi d'Austrasie depuis 622, lui succéda comme roi de Neustrie et de Bourgogne.

Informé que les seigneurs bourguignons se montraient tyranniques, Dagobert se rendit, en 628, à Dijon et à Saint-Jean-de-Losne, où il accorda justice à tous ceux qui firent appel à son intervention. Malheureusement ses instincts barbares reprirent bientôt le dessus, et, avant de quitter Saint-Jean-de-Losne, il donna l'ordre de faire périr Brunulfe, de sang royal, accusé d'avoir voulu soustraire la Neustrie à l'autorité de Dagobert: cet ordre fut exécuté à Saint-Jean-de-Losne même.

Deux expéditions heureuses, faites exclusivement avec des troupes bourguignonnes, marquèrent le règne de Dagobert, l'une en 634, contre les Wisigoths d'Espagne, et l'autre en 635, contre les Gascons.

Ce prince fastueux, ami de l'ordre, mourut en 628. Il laissait deux fils, *Sigebert*, qui eut l'Austrasie, et *Clovis II*, qui gouverna les royaumes de Neustrie et de Bourgogne.

Nous arrivons, avec Clovis II, aux rois fainéants.

Pendant cette période, l'autorité royale ne fut plus que nominale, et les seigneurs bourguignons en profitèrent pour s'agrandir aux dépens de la royauté et s'ériger en véritables souverains dans leurs fiefs. Pépin d'Héristal, déjà maire du Palais d'Austrasie, se fit déclarer maire du Palais de Bourgogne en 687 et y jouit d'une grande popularité. C'est ainsi qu'il établit *Drogon*, son fils aîné, *duc de Bourgogne*; et que ce nouveau duc, venant bientôt à mourir, *Grimoald*, frère de Drogon, lui succéda au même titre. Grimoald fut assassiné en 714, et son fils *Théobald*, malgré l'énergie de son aïeule, *Plectrude*, ne put s'établir en Bourgogne.

Le pouvoir revint à Charles-Martel, qui s'imposa comme maire du Palais de toute la monarchie.

Les seigneurs bourguignons s'étaient opposés à l'arrivée de Charles-Martel, craignant avec raison qu'il ne leur ravît leurs libertés. Charles se ressouvint, en effet, de l'opposition qu'il avait rencontrée en Bourgogne, et traita ce royaume en pays conquis: les magistratures furent données à des étrangers; les *hommes libres* purent s'égaler à la noblesse; la loi Gombette fut laissée dans l'oubli.

Le royaume de Bourgogne eut encore à souffrir des Sarrasins, avant et après leur défaite de Poitiers. En 736, favorisés et peut-être appelés par les seigneurs bourguignons, qui espéraient profiter des désordres de la guerre pour recouvrer leurs libertés, les Sarrasins passèrent le Rhône, s'emparèrent de Beaune et de Dijon, ne s'arrêtèrent que devant Sens, et repassèrent, au retour, en Bourgogne, en commettant partout de grands ravages.

Charles-Martel mourut en 741 et le gouvernement fut partagé entre ses deux fils, Carloman et Pépin-le-Bref; mais Carloman s'étant retiré dans un monastère, Pépin, après avoir cloîtré Childéric III, devint seul roi en France (752). Le Royaume de Bourgogne, sans perdre son nom, ses usages particuliers, ses privilèges, continua de demeurer confondu avec les autres parties de la monarchie franque, suivant la situation qui lui était faite depuis Clotaire II.

V. CÔTE-D'OR DEPUIS PÉPIN-LE-BREF JUSQU'A 880. — Rien de remarquable n'est à signaler en Bourgogne pendant le règne relativement court de Pépin-le-Bref, qui mourut en 768, laissant la Bourgogne à Charles, son fils, devenu Charlemagne. Mais ce furent particulièrement des contingents bourguignons qui, sous ce dernier, prirent part à la guerre des Sarrasins d'Espagne.

La loi Gombette servit de base aux *Capitulaires* de Charlemagne ; elle contribua à modérer la dureté des coutumes barbares de l'époque et à refréner les abus qui s'étaient glissés dans la société.

Le grand conquérant mourut en 814 et Louis-le-Débonnaire hérita de son immense empire, dans lequel se trouvait toujours le royaume de Bourgogne, sous le gouvernement des ducs, des comtes et des vicomtes, dont les dignités, pour quelques-uns, étaient déjà héréditaires.

La Bourgogne ne fut pas heureuse sous le Débonnaire, cet empereur-moine, qui s'occupait surtout de réformes ecclésiastiques et de questions de discipline monastique : notre pays souffrit, à plusieurs reprises, de divers fléaux, peste, famine, surtout en 821, 822, 828, 829.

Louis-le-Débonnaire mourut en 840 ; et, après la bataille de Fontanet (841), un nouveau partage, consacrant la division de l'Empire de Charlemagne, donna à *Charles-le-Chauve* le duché de Bourgogne, dans lequel se trouve compris notre département.

En 844 se place un fait étrange, que je crois devoir relater, et qui montre que la folie des convulsionnaires, sous Louis XV, n'était qu'une folie renouvelée. Deux moines vagabonds avaient rapporté de Rome des reliques qu'ils placèrent près du tombeau de Saint-Bénigne, à Dijon. Ceux qui venaient honorer ces reliques, se disant frappés par une main invisible, entraient dans d'horribles convulsions, et, après des mouvements vioents, se relevaient sans aucune blessure. Il fallut recourir aux mesures les plus énergiques pour mettre un terme à ce spectacle étrange qui attirait une foule considérable.

« Si quelques-uns osent encore persister à feindre, il faudra, à coups de fouet, les contraindre à confesser leurs impostures. » (Lettre d'Amolon, évêque de Lyon, à Theubaldo, évêque de Langres). — L'église de Saint-Andoche de Saulieu donnait lieu à de semblables scènes scandaleuses et fanatiques.

Les partages qui eurent lieu dans le royaume en 855 et en 858 jetèrent le trouble dans les esprits, affaiblirent l'autorité royale qui excita des révoltes par ses complaisances exagérées envers le clergé. Sans le zèle et la fidélité de la noblesse bourguignonne, Charles-le-Chauve était perdu : il se retira dans son duché de Bourgogne, et, grâce à l'appui qu'il y trouva, parvint à tenir tête à son frère Louis-le-Germanique, qui voulait le déposséder.

En 869-70, Charles-le-Chauve s'empara de la Lorraine, à la mort de Lothaire II ; et une guerre éclata, à ce sujet, entre lui et l'empereur Louis-le-Germanique. Dans cette lutte, le roi de France eut pour adversaire le célèbre *Gérard de Roussillon*, duc d'Arles et comte de Vienne, seigneur puissant du comté du Lassois ou de la Montagne, dont les exploits ont été chantés en langue provençale. Battu, Gérard se retira en Bourgogne, dans son comté du Lassois, avec l'héroïque Berthe, son épouse ; ils y fondèrent l'abbaye de Pothières (866 ou 867), qui fut le lieu de leur sépulture (890).

Charles-le-Chauve, plus ambitieux que puissant, mourut en 877.

Les règnes de Louis II le Bègue (877-879), de ses deux fils Louis III et Carloman (879-884), et de Charles-le-Gros (884-887), ne firent qu'accroître la confusion et qu'amoindrir l'autorité royale, au profit des seigneurs. Les Grands de Bourgogne, enhardis par les circonstances, refusèrent même de les reconnaître pour rois, qu'ils ne leur eussent garanti la possession pleine et entière des comtés et abbayes qu'ils convoitaient. C'était le droit du plus fort qui régnait en Bourgogne, dans toute sa laideur.

L'anarchie et la confusion étaient partout, et l'on vit se former deux royaumes des débris de l'ancien royaume de Bourgogne : celui de Provence, ou de Bourgogne cisjurane, et celui de Bourgogne transjurane.

Quant à la partie de la Bourgogne qui avait formé le département de la Côte-d'Or, elle resta sous le gouvernement de ducs bénéficiaires, dont nous allons nous occuper.

VI. LA CÔTE-D'OR SOUS LES DUCS BÉNÉFICIAIRES. — On entendait par *duché bénéficiaire* un fief qui, ordinairement, se transmettait du père aux enfants, mais qui ne pouvait se transférer que par cession et avec l'agrément du souverain.

Le premier duc bénéficiaire de Bourgogne dont l'existence n'est pas contestée est *Richard*, dit *le Justicier*, comte d'Autun. Quelques-uns veulent qu'il soit le fils de Robert-le-Fort ; mais il est plus probable qu'il est fils de Bavin, comte d'Ardennes. On cite une charte de 877, dans laquelle déjà Richard est désigné sous le titre de duc de Bourgogne et fait cession à l'abbaye de Saint-Bénigne de quelques propriétés situées à Gevrey.

Le duc Richard se montra profondément attaché à la race carolingienne et combattit toujours ses ennemis avec succès. Sa valeur contre les ennemis de la France ne fut pas moins grande : En 888, les Normands, en nombre considérable, envahirent la Bourgogne et dévastèrent Bèze et ses environs ; aidé par les comtes d'Auxois et d'Ouche, Richard les vainquit, en délivra la Bourgogne, les poursuivit, et les battit à nouveau dans plusieurs rencontres.

Richard mérita le surnom de Justicier par son amour de l'équité ; sévère, mais juste, il ne pardonnait jamais aux méchants.

Raoul, fils aîné de Richard, lui succéda en 921 comme duc de Bourgogne. Charles-le-Simple étant retenu prisonnier au château de Péronne, Raoul fut élu roi de France en 923, à condition de reconnaître les usurpations des seigneurs. Il céda le duché de Bourgogne à son beau-frère *Gilbert*.

Gilbert le paya d'ingratitude en prenant les armes contre lui ; mais Raoul pénétra en Bourgogne, s'empara de Dijon et de diverses autres places et contraignit son adversaire à lui demander grâce.

Après la mort de Raoul, le duché de Bourgogne fut disputé à Gilbert par son frère *Hugues-le-Noir*, et son beau-frère, *Hugues-le-Grand*, duc de France. Dijon fut pris en 938 par ce dernier. En définitive, le duché fut partagé entre les trois compétiteurs, de sorte que l'on vit à la fois trois ducs de Bourgogne. En 956, Gilbert se démit de sa part, en faveur d'*Othon*, fils de Hugues-le-Grand ; et le duc de France mourut la même année, laissant plusieurs enfants, parmi lesquels nous distinguerons *Hugues-Capet*, Othon, cité plus haut, et *Henry*, dit le Grand.

Othon devint duc de toute la Bourgogne en 956. Une guerre éclata entre lui et Robert de Vermandois, qui lui disputait ses domaines. Dijon fut pris par Robert en 959 ; mais la ville fut reprise en 960, grâce à l'appui qu'Othon reçut du roi de France Lothaire.

Othon mourut duc de Bourgogne en 965.

Henry-le-Grand, dernier fils de Hugues-le-Grand, reçut du roi Lothaire le duché de Bourgogne. Il s'y montra bon, charitable, pieux, ami de l'ordre et ennemi des abus ; on l'appela « le juge et le protecteur des » veuves, le père des orphelins, l'œil des aveugles. » Il obtint du roi Hugues-Capet, son frère aîné, en 987, la Bourgogne en propre héritage.

Henry-le-Grand n'avait qu'un fils naturel, *Eudes* ; il lui donna la vicomté de Beaune. Son épouse, Gerberge, avait eu un fils, *Othe Guillaume*, d'un premier mariage ; il l'adopta et lui laissa son duché (1002).

Othe Guillaume, très estimé des seigneurs bourguignons, fut engagé dans une guerre de quatorze ans contre le roi de France Robert-le-Pieux, qui voulait s'emparer du duché de Bourgogne comme héritier du duc Henry-le-Grand, mort sans enfant.

Soutenu par toute sa noblesse, Othe résista d'abord avec succès au roi Robert ; tout le pays plat jusqu'à la Saône fut pillé et ravagé inutilement par l'armée royale en 1003 ; en 1005, de grands dégâts furent commis autour de Dijon, dans une seconde invasion de la Bourgogne par Robert, mais Dijon, défendu courageusement par Humbert de Mailly et Guy-le-Riche, ne put être pris et le roi de France ne conserva rien en Bourgogne, comme l'assure la chronique de Saint-Bénigne.

Une troisième invasion du pays allait avoir lieu en 1015, lorsqu'un accord intervint, laissant le comté de Dijon à Othe Guillaume et le reste du duché à Henry, second fils du roi de France.

Au mois de janvier 1015, le roi de France se trouvait à Dijon avec toute la famille royale, et voulut, avant de quitter le duché, y rétablir l'ordre et réparer les maux de la guerre : c'est ainsi qu'il défit, à *Mirebeau*, une bande de brigands qui infestaient le pays, et qu'il comprit Dijon parmi les villes dans lesquelles il devait nourrir trois cents pauvres.

Othe Guillaume resta en possession de son comté jusqu'à sa mort, arrivée en 1027 ; et Henry fut duc de Bourgogne jusqu'à son élévation au trône de France (1031). Après une courte guerre qui éclata entre lui et Robert, son frère, ce dernier reçut le duché de Bourgogne « pour en jouir en pleine propriété et passer à ses héritiers, successeurs et ayant cause. »

Avec Robert commence la branche royale des ducs de Bourgogne de la race capétienne. Avant d'en raconter l'histoire, examinons la situation dans laquelle se trouvait notre pays en 1032, ainsi que les usages et les mœurs de nos pères à cette époque.

La Bourgogne, comme nous l'avons vu, avait beaucoup souffert des dernières guerres ; mais des maux bien autrement terribles augmentèrent encore la misère publique.

« Dès 1030, une longue famine, causée par des pluies continuelles, désola le royaume ; la rage de la faim fit commettre les plus horribles attentats en Bourgogne... la misère devint si grande en 1032, qu'en Bourgogne on broutait l'herbe, on arrachait les écorces et les racines des arbres, on dérobait aux animaux leur nourriture ordinaire, et l'on déterrait les cadavres pour s'en nourrir. Une funeste contagion suivit de près ce terrible fléau ; les vivants suffisaient à peine pour inhumer les morts ; les loups, qui se jetaient sur les cadavres qu'on laissait exposés, ayant pris goût à la chair humaine, vinrent ensuite assaillir ceux que la peste avait épargnés, et qui souvent n'avaient pas la force de se défendre...

« La noblesse, toujours à cheval, courait la campagne sur les voyageurs et pour le seul plaisir d'exercer son courage et l'ardeur de ses chevaux : ils poursuivaient souvent dans la campagne les paysans et les laboureurs désarmés, et les taillaient en pièces par délassement. On avait été obligé de multiplier les croix sur les chemins et dans les champs, pour servir d'asile aux malheureux paysans. Ils couraient embrasser ce signe respectable du salut, que les nobles n'osaient violer, dans la crainte de la punition divine. De là s'est conservé l'usage d'ériger, sur les grandes routes, ces monuments de piété qu'on y rencontre si fréquemment.

« Des mœurs si féroces étaient le fruit amer de l'ignorance, qui couvrait presque toute l'Europe... Les ravages des Normands avaient causé la ruine d'une grande partie des écoles épiscopales et monastiques, où les sciences s'étaient réfugiées. Ces écoles ne furent cependant pas toutes enveloppées dans ce désastre... Les moines de Saint-Benoît, surtout ceux de Dijon, s'empressèrent d'ouvrir, aux séculiers mêmes, les écoles que leur saint fondateur semblait n'avoir ordonnées que pour ses disciples. » (D'après Courtépée.)

VII. CÔTE-D'OR DEPUIS 1032 JUSQU'A 1361. — *Robert-le-Vieux* (1032-1075). — Robert fut en querelle presque continuelle avec les communautés religieuses de son Duché. Le désordre régna partout pendant son administration: désordres du côté des seigneurs; désordres dans les monastères; désordres de la part des commissaires chargés d'assurer l'autorité du Duc. Aussi dut-il signer de nombreuses chartes, et faire une foule de restitutions ou de donations pour réparer les abus de pouvoir de ses officiers.

Le duc d'Auxerre ayant voulu s'affranchir de la suzeraineté de Robert, il s'ensuivit entre eux une guerre cruelle, de 1057 à 1060, qui finit par le détachement de l'Auxerrois du Duché de Bourgogne (Concile d'Autun).

Le duc Robert se déshonora par ses crimes et ses mœurs licencieuses. Il avait épousé, en 1033, la duchesse Hélie de Semur-en-Brionnais; il la répudia vers 1055, et bientôt après assassina, de sa propre main, son beau-père Dalmace. C'est en expiation de ce crime, dit-on, qu'il fit édifier l'église Notre-Dame-de-Semur en Auxois. Il mourut à Fleurey-sur-Ouche (1076).

Hugues Ier (1076-1079). — A la mort de Robert-le-Vieux, les seigneurs élevèrent au Duché de Bourgogne son petit-fils *Hugues*, au détriment de Robert, oncle du nouveau duc, qui alla combattre les Sarrasins en Espagne. Son gouvernement fut pacifique et réparateur.

Au retour d'une nouvelle expédition contre les Sarrasins, il se retira dans le monastère de Cluny, où il y passa les quatorze dernières années de sa vie, et mourut en 1093, dans la pratique de toutes les vertus, privé de la vue, par suite, dit-on, d'une pénitence qui lui fut imposée.

Eudes Ier, *dit Borel, ou le Roux* (1079-1102). — *Eudes I*^{er}, âgé de 23 ou de 24 ans, succéda à son frère Hugues Ier. — Excommunié pour les dommages qu'il avait causés aux gens d'Eglise, il ne fut relevé de cette peine qu'à la condition de se rendre en Terre-Sainte, où il fut suivi d'un grand nombre de barons et de seigneurs.

Il y trouva la mort : on croit que, prisonnier à la bataille de Rama (27 mai 1102), les Musulmans lui tranchèrent la tête.

Il convient de rappeler ici la part considérable prise par les seigneurs bourguignons dans la lutte engagée à cette époque, en Espagne, par les Sarrasins. Ils s'y couvrirent de gloire, ayant pour compagnon d'armes l'illustre Cid. Le duc Eudes lui-même se mit à la tête d'une de ces expéditions et resta deux années en Espagne (1085-1087).

Parmi les héros de ces guerres d'Espagne, nommons le jeune *Henri de Bourgogne*, frère du duc Eudes, qui devint la tige des rois actuels de Portugal.

Les documents ne sont pas bien nombreux sur cette période agitée et calamiteuse. Citons cependant la famine de 1077 et la peste de 1089, appelée « feu sacré », qui désolèrent la Bourgogne. Pour remédier à la contagion, un ordre nouveau fut fondé en 1095, celui des *Antonins*, qui eut des maisons hospitalières à Norges, à Etais et à Mont-Saint-Jean.

Hugues II, dit Borel, ou le Pacifique (1102-1163). — Hugues II succéda à son père Eudes Ier.

Animé d'un grand esprit de justice, il s'efforça de réparer les dommages causés par l'administration violente et tracassière de son prédécesseur. Il voulut se rendre compte par lui-même de la situation de son duché, et entreprit une série de voyages, qui régularisa le pouvoir ducal en rétablissant, autant que possible, les droits de chacun.

Comme ses prédécesseurs, Hugues fut très libéral envers les institutions monastiques de son duché. Mais la détresse des paysans faisait avec cette opulence un contraste bien douloureux.

Aux guerres privées de l'abbaye de Flavigny et des seigneurs de Salmaise, des deux abbayes de Saint-Etienne de Dijon et de Saint-Seine, qui laissèrent tant de ruines, s'ajoutèrent les vexations de toutes sortes dont souffrit la classe des serfs. Des incendies terribles désolèrent, en outre, les villes et les villages; le 28 juin 1137, Dijon tout entier devint la proie des flammes et il ne resta que les anciens murs de la ville.

Eudes II (1143-1162). — *Eudes II* succéda (1143) à son père, Hugues II, comme duc de Bourgogne. A son avènement, Thibaud, comte de Champagne, vint reconnaître sa suzeraineté. L'entrevue eut lieu sur les confins de la Bourgogne et de la Champagne, au ru d'Augustine, entre Pothières et Châtillon-sur-Seine.

Saint Bernard, abbé de Clairvaux, joua un rôle considérable à cette époque.

C'est lui qui prêcha la seconde croisade (1146). Si le duc Eudes n'y prit aucune part, les seigneurs bourguignons partirent en foule pour la Terre-Sainte, après avoir fait aux monastères un grand nombre de donations.

Le départ pour la croisade des principaux seigneurs avait laissé le champ libre à ceux qui restaient en Bourgogne, et ils ne se firent pas faute d'en profiter, au grand dommage du pauvre peuple, qui subissait toujours le contre-coup de ces rivalités et de ces querelles.

Hugues III (1162-1192). — *Hugues III* avait environ quatorze ans quand il succéda à son père Eudes II, sous la tutelle de sa mère, *Marie de Champagne.*

La régence fut troublée par des querelles et des guerres privées qui désolèrent les campagnes; c'est ainsi qu'en 1164, le village de Gevrolles fut pillé par le comte de Champagne, en lutte avec l'évêque de Langres.

A l'instigation des seigneurs, le jeune Duc voulut s'affranchir de la tutelle de sa mère. Marie fut chassée de la cour et privée de son douaire. Elle implora l'assistance de Louis-le-Jeune contre « son très méchant » fils, n'ayant plus, après Dieu, qu'espoir en lui pour » la restitution de son douaire. » (1165.)

Un rapprochement eut lieu entre la mère et le fils, en cette même année 1165, et la bonne harmonie ne fut plus troublée entre eux. Le duc de Bourgogne se maria en 1165, avec Alix de Lorraine, nièce de l'empereur, et gouverna à l'avenir par lui-même.

Des démêlés sanglants eurent lieu, en 1166, entre le comte de Châlon-sur-Saône, Guillaume II, et l'abbaye de Cluny; cette querelle nécessita l'intervention royale: Guillaume II se vit enlever la presque totalité de son comté, dont bénéficia en partie le duc de Bourgogne (colloque de Vézelay; 1166).

La ville de Châtillon-sur-Seine, centre commercial et industriel, était une source de revenus importants pour le duc. Cette ville était alors partagée en trois parties distinctes : le *Bourg*, à l'évêque de Langres; le château de *Chaumont*, au duc de Bourgogne, et l'abbaye de *Notre-Dame*, entre les deux, sous la garde du duc. Hugues III, qui cherchait à empiéter sur les droits de l'évêque, et à s'affranchir de toute vassalité à son égard, obtint, en 1168, le droit de fortifier la ville et de l'entourer de murailles; et, à cet effet, un accord fut conclu entre eux, réservant les droits des *hommes de Châtillon* appartenant à l'évêque.

C'est en 1171 que Hugues III entreprit son premier pèlerinage en Terre Sainte, après avoir donné aux religieux de Fontenay certains droits sur le village d'Étormay. A son retour (1172), il fit élever à Dijon l'église de la Sainte-Chapelle, en accomplissement d'un vœu fait pendant une violente tempête.

Vers la fin d'avril 1173, nous voyons le comte de Nevers donner un brillant tournoi au duc de Bourgogne, sur sa terre de Rougemont. L'année suivante, la guerre éclate entre eux, et le comte de Nevers, fait prisonnier, est enfermé, sans doute, au château de Beaune, où est signée une convention établissant la paix entre les deux pays.

Le duc n'hésita pas, parfois, à recourir aux procédés les moins avouables pour sortir de ses embarras d'argent; c'est ainsi que nous le voyons, en 1176, au mépris du droit des gens, dévaliser des ambassadeurs du roi d'Angleterre qui traversaient la Bourgogne pour rentrer dans leur patrie.

Hugues III fut mêlé à toutes les intrigues qui se nouèrent contre Philippe-Auguste, à son avènement au trône; mais son intervention fut bien malheureuse pour le pays. La Bourgogne fut envahie ; le roi s'empara des villes de Châtillon, de Flavigny, de Beaune, ravagea le pays et imposa sa suzeraineté au duc de Bourgogne. Obligé d'abord de payer à Philippe-Auguste une somme assez considérable, le duc, ruiné par ces guerres, octroya aux habitants de Dijon une première charte de commune (1183) *sur le modèle de celle de Soissons*, que le roi de France confirma en 1184. Contraint ensuite de payer une rançon de 30,000 livres, Hugues III donna à la commune de Dijon une seconde charte d'affranchissement (1187), qui lui permit de remplir ses engagements et d'accomplir un second voyage en Terre-Sainte. Il mourut à Tyr en 1192. Son corps fut ramené en Bourgogne et déposé dans l'église de Citeaux.

L'état de gêne dans lequel Hugues III se trouvait en 1183 l'avait engagé à répudier, sans motif avouable, sa femme Alix de Lorraine, pour épouser Béatrix, dauphine du Viennois.

Eudes III (1192-1218) — Eudes, comme ses prédécesseurs, commença son règne par des libéralités envers l'abbaye de Saint-Bénigne. Il épousa, en 1194, sa parente *Mahaud*, veuve du comte de Flandre; mais, ayant été obligé de rompre ce mariage, pour cause de parenté, il s'allia, en 1198, à *Alix de Vergy*. Par suite d'arrangements, il donna à son beau-père, en échange de la terre de Vergy, celle de Mirebeau.

Le duc de Bourgogne prit part à une croisade en 1202. Il fonda le prieuré du *Val-des-Choux* à son retour (1203), dans la forêt de Châtillon-sur-Seine, et affranchit la ville de *Beaune* en 1203 et celle de *Châtillon-sur-Seine* en 1208.

Les milices bourguignonnes se firent remarquer à la bataille de Bouvines (1214) par leur bonne contenance, qui permit à Philippe-Auguste, désarçonné, de se dégager de ses ennemis et de monter un autre cheval.

Le comte Eudes III allait se croiser à nouveau, quand il mourut à Lyon en 1218. Il fut inhumé à Cîteaux. Bienfaiteur des abbayes et des monastères, aimé de son peuple, il fut pleuré de tous.

Hugues IV (1218-1278). — *Hugues IV* n'avait que six ans quand il succéda à son père, Eudes III. Sa mère gouverna le duché pendant sa minorité. La régence d'Alix de Vergy fut sage et ferme : l'autorité du duc fut reconnue, les vassaux furent maintenus dans l'obéissance, et les difficultés pacifiquement résolues. A la majorité de Hugues IV, Alix se retira à *Prénois*, « y faisant valoir deux charrues à bœufs et un troupeau de cinq cents moutons; » elle y mourut en 1251.

En 1229, Hugues IV échangea le château de Mirebeau contre ce que l'évêque de Langres possédait en la ville de Châtillon-sur-Seine, qui fut dès lors tout entière au pouvoir du duc de Bourgogne.

Hugues suivit saint Louis en Egypte (1248), se fit remarquer par son courage à *Damiette*, et fut fait prisonnier à la *Mansourah*. Il revint dans son duché après avoir racheté sa liberté. Pendant son absence, la Bourgogne avait été ravagée par les *Pastoureaux*, ayant à leur tête un fanatique apostat de Cîteaux.

Le duc de Bourgogne, prince sage, juste, éclairé et vertueux, jouit de l'estime du roi de France, et saint Louis visita plusieurs fois le duché.

Il mourut en 1272, de retour d'un pèlerinage à *Saint-Jacques-de-Compostelle*.

Robert II (1272-1305). — *Robert* était marié à *Agnès de France*, fille de saint Louis. Les beaux-frères du nouveau duc, Henri de Brabant et Guillaume de Mont-Saint-Jean, voulurent lui disputer ses Etats; mais l'intervention de Philippe le Hardi, roi de France, qui se prononça en faveur de Robert II, lui assura la paisible possession du duché de Bourgogne.

Il octroya une charte de commune aux habitants de *Semur-en-Auxois* (1276); et comme les bourgeois de Dijon refusaient, en 1277, de solder les 500 marcs d'argent fixés par la charte d'affranchissement, il établit, de sa propre autorité, des échevins dans cette ville. Les bourgeois portèrent l'affaire au parlement de Paris. Le duc Robert II revint alors sur ce qu'il avait fait et confirma les privilèges accordés.

En 1282, il passa en Sicile pour secourir son oncle par alliance, Charles d'Anjou, roi des Deux-Siciles, dont les troupes avaient été massacrées dans la journée des Vêpres siciliennes.

Il y a lieu de noter, à cette époque, le fréquent changement de la valeur des monnaies et les plaintes soulevées par cette pratique coupable. Le duc fit fabriquer une nouvelle monnaie, et Jean Bernier, bourgeois de Beaune, en fit frapper, en 1282, 15,000 de gros, à Dijon et à Auxonne. Parmi les six espèces de monnaies qui avaient cours en Bourgogne, deux étaient frappées dans notre pays : la *monnaie ducale ou dijonnaise*, et celle de saint Étienne de Dijon, *moneta Stephaniensis*.

Robert II mourut en 1305, à *Vernon-sur-Seine* (Eure), et fut inhumé à Cîteaux. Il avait réglé sa succession par testament (1297). Sa veuve, Agnès, mourut à *Villaines-en-Duesmois* en 1327 et fut inhumée près de son mari.

« Sous le duc Robert commença la mode bizarre des souliers *à la poulaine*, du nom de l'ouvrier. La pointe en était plus ou moins longue, selon la qualité de ceux qui les portaient. Elle était pour les riches au moins d'un pied et demi, et de deux ou trois pour les princes. Le bec en était recourbé et orné de cornes, de griffes, ou de quelques autres figures grotesques. Cette chaussure, contre laquelle les prédicateurs s'escrimèrent, fut en vogue jusqu'à Charles V, qui eut de la peine à l'abolir.

» En 1294, une loi somptuaire défendit de donner au *grand mangier* (au souper), plus de deux mets et un potage au lard sans fraude, et au petit mangier (au dîner), plus d'un mets et un entre-mets. Au jour de jeûne, on ne devait servir que deux potages aux harengs et deux mets. » (D'après Courtépée.)

Hugues V (1305-1315). — Le jeune duc était mineur, et sa mère, Agnès, fut chargée de la régence.

Hugues confirma, en 1313, la charte communale de Dijon. Fiancé à *Jeanne de France*, fille de Philippe-le-Long, il mourut en 1315, au château d'Argilly, et fut réuni au tombeau de ses pères, à Cîteaux. Ce jeune prince n'eut donc pas le temps de se faire connaître;

cependant, on vante sa douceur et sa bienfaisance.

Sous sa courte administration, les seigneurs bourguignons s'adressèrent, en 1315, au roi de France pour lui demander l'abolition de la *Trêve de Dieu*; leur supplique fut malheureusement agréée; la réponse de Louis le Hutin porte, en effet, ce qui suit: « Que les nobles puissent et doivent user des armes quand leur plaira, et qu'ils puissent guerroyer. Nous leur octroyons les armes et les guerres, de manière qu'ils en ont usé et accoutumé anciennement, et se de guerre ouverte, lis uns avaient prins sur l'autre, il ne serait tenu de rendre. » Tant pis pour le peuple des campagnes, qui, encore, souffrira des guerres privées des seigneurs.

L'ordre des Templiers, qui comptait en Bourgogne plusieurs commanderies, celles de Voulaines, de Bure, de Fauverney, etc., fut aboli en 1312. Leur grand maître Jacques Molay qui, suivant quelques-uns, était Bourguignon, fut brûlé vif.

Eudes IV (1315-1349). — *Eudes IV* succéda à son frère Hugues V.

Le nouveau duc de Bourgogne se maria avec *Jeanne*, héritière du comté de Bourgogne et de celui d'Artois. Eudes recueillit en effet cette succession en 1329. Il fonda une abbaye de chartreux à Fontenay, près Beaune, où il tenait les Grands Jours, et la dota de biens et de privilèges (1332).

Eudes IV prit part à la guerre de Flandre sous Philippe de Valois, et quelques autres différends avec plusieurs seigneurs voisins l'occupèrent ensuite. Il mourut à Sens, en 1349. Selon son désir, son cœur fut porté à Fontenay, près Beaune, ses entrailles à la Sainte-Chapelle de Dijon, et son corps à Citeaux.

Cette époque fut encore troublée par la *peste noire* qui ravagea notre pays : la plus grande partie de la population de Beaune périt; Rully ne conserva plus que dix ménages, et Bure-les-Templiers, trois.

Philippe de Rouvres (1349-1361). — *Philippe*, petit-fils du précédent, lui succéda. Sa mère, Jeanne de Boulogne, fut chargée de la régence, puis Jean II le Bon, après son mariage avec Jeanne.

En 1353, Jean voulut introduire la gabelle dans le duché et, à cet effet, il réunit les Etats de Bourgogne à

Châtillon-sur-Seine, mais les Bourguignons opposèrent aux prétentions du roi les libertés et les privilèges de la province, et Jean le Bon se heurta à une résistance opiniâtre qu'il ne put vaincre. Deux autres réunions des Etats, à Beaune et à Dijon, n'eurent pas plus de succès : la Bourgogne resta affranchie de cet impôt vexatoire.

D'autres préoccupations plus graves attirèrent bientôt l'attention du roi. Les Anglais envahirent le royaume. Jean II fut battu et fait prisonnier à Poitiers (1356). Les ennemis pénétrèrent en Bourgogne, vainquirent la noblesse du pays à *Brion-sur-Ource* (aujourd'hui du canton de Montigny-sur-Aube), brûlèrent Châtillon-sur-Seine, saccagèrent les campagnes, s'emparèrent de Flavigny, qui devint le centre de leurs opérations, pillèrent Saulieu, dont ils incendièrent l'école collégiale, et, pendant trois mois, mirent à contribution tout le voisinage. Les Etats de Bourgogne se réunirent à Beaune pour rechercher les moyens d'éloigner les Anglais : le traité de *Guillon-en-Auxois* (10 mars 1359) mit fin aux déprédations des ennemis qui acceptèrent cent mille moutons d'or et quittèrent la province.

Le duc Philippe de Rouvres, devenu majeur (1360), mourut d'une chute dans son château de Rouvres (1361). Il n'était âgé que de seize ans. Avec lui s'éteignit la première race des ducs de Bourgogne.

Le roi Jean déclara que le duché devait revenir à la couronne. En 1361, il vint à Dijon en prendre possession, et jura, sur la châsse de saint Bénigne, de respecter les libertés et les privilèges de la contrée. Serment sans valeur, puisque, malgré l'opposition des Etats de Bourgogne, le duché fut taxé comme les autres provinces pour payer la rançon du roi.

« Nos ducs, dit Courtépée, faisaient leur résidence ordinaire à Dijon, dans leur palais qui subsistait dès le dixième siècle. Ils allaient passer quelques mois dans leurs différents châteaux de Salmaise, Aignay, Maisey, Duesme, Aisey, Villaines, Châtillon, Montbard, Salives, Pouilly-en-Auxois, Pouilly-sur-Saône, Brazey, Pagny, Volnay, Vergy, Talant, Argilly; et ils y prenaient le plaisir de la chasse, de la pêche et de la promenade. »

VIII. Côte-d'Or sous les Ducs de la seconde

RACE DEPUIS 1363 JUSQU'A 1477. — *Philippe-le-Hardi* (1363-1404). — Le roi Jean-le-Bon donna le duché de Bourgogne en apanage à son fils de prédilection, *Philippe-le-Hardi* (1363), qui, l'année suivante, reçut, à Dijon, les hommages de ses nouveaux sujets.

Le duché fut envahi, en 1366, par le *Prince noir*, à la tête de 20,000 soldats, et l'Auxois eut de nouveau à pâtir de la présence des Anglais.

La Bourgogne souffrit encore des ravages des *Grandes Compagnies*, cantonnées, en partie, à *Villaines-les-Prévoltes*, près de Semur ; leurs bandes partaient de là pour ruiner les campagnes et rançonner tout le pays; les environs de Beaune furent ravagés, et le duc, qui se trouvait à Rouvres, fut sur le point d'être enlevé par ces soldats pillards. Enfin, Duguesclin en délivra le duché.

Philippe épousa bientôt après *Marguerite de Flandre*, qui lui donna en dot les comtés de Bourgogne, d'Artois, de Flandre, de Nevers et de Rethel.

Le duc était fastueux et libéral, et ses dépenses exagérées l'obligèrent à établir, dans les principales villes du duché, des greniers à sel, sur lesquels, du consentement des États de Bourgogne, il établit une gabelle pour deux ans (ordonnance de Talant, 1370).

En 1382, les Gantois se révoltèrent contre le duc de Bourgogne. Après la sanglante défaite des Flamands à *Roosebeke*, et deux années de luttes continuelles, le pays fut pacifié. Le duc Philippe fit démonter, de la cathédrale de Courtray, une magnifique horloge à figures, qu'il transporta à Dijon et qu'il plaça à l'angle méridional de l'église Notre-Dame, où on la voit encore.

Le roi Charles VI, se rendant à Avignon en 1382-83, séjourna huit jours à Dijon, au milieu de l'allégresse publique, des fêtes et des tournois.

« Pour l'amour du roi était venu à Dijon grande foi-
» son de Dames et Damoiselles, que le roi veoit moult
» volontiers. Là était la Dame de Sully, la Dame de
» Vergy, la Dame d'Épagny, et moult d'autres Dames
» belles et frisques et moult bien aornées ; elles s'effor-
» çaient de chanter, danser et fort réjouir le roi, qui
» fut huit jours à Dijon en ébatement. »

La folie du roi (1392) donna le gouvernement du

royaume de France à Philippe de Bourgogne, et cette autorité devint l'origine de la rivalité si funeste des Armagnacs et des Bourguignons. Grâce à la haute situation occupée par le duc Philippe, les Bourguignons obtinrent la faculté de transporter, en toute franchise de droits de sortie, leurs denrées au dedans et au dehors du royaume.

Les seigneurs du pays prirent part à l'expédition dirigée contre les Turcs qui envahissaient la Hongrie. L'armée de secours fut placée sous le commandement de *Jean*, comte de Nevers, fils du duc de Bourgogne; elle fut défaite à *Nicopolis* (1396); et les Etats de Bourgogne se taxèrent pour payer la rançon du jeune comte Jean.

Philippe-le-Hardi fut atteint, à Bruxelles, d'une maladie contagieuse, et il mourut le 27 avril 1404, à l'âge de soixante-trois ans. Son corps fut déposé aux Chartreux de Dijon.

Jean sans Peur. (1404-1419). — Le duc Jean augmenta les vastes Etats que lui avait laissés son père, des comtés de Hainaut, de Hollande et de Zélande, par son mariage avec *Marguerite de Bavière*. Son premier soin fut de solder les dettes les plus pressées, laissées par son père Philippe.

On connaît la rivalité du duc d'Orléans, père du roi Charles VI et de Jean sans Peur, et l'assassinat du premier par le second (1407). Jean obtint, en 1408, des lettres de rémission du Conseil du roi; mais, craignant le jugement des évêques réunis à Constance, il les gagna à sa cause par les présents qu'il leur fit distribuer par Jean de Saulx, abbé de Moutier-Saint-Jean : « plus de deux-cents écus d'or à plusieurs maîtres en divinité (théologiens); de cinquante queues de vin de Beaune, de Nuys et de Pommard, aux cardinaux, avec de la vaisselle d'or et d'argent. » (D. Plancher.)

Le duc Jean signa avec les Anglais un traité de neutralité (1416) et entra en triomphateur dans Paris avec la reine Isabeau de Bavière (1418); mais le dauphin tenait la campagne, et Jean sans Peur consentit à une entrevue, qui eut lieu à *Montereau*, et qui devait réconcilier le duc de Bourgogne avec le dauphin. Jean sans Peur y fut assassiné par *Tanneguy-du-Châtel* (10 septembre 1419). L'année suivante, son corps fut transporté aux Chartreux de Dijon.

Philippe le Bon (1419-1467). — Le meurtre de Jean sans Peur entraîna le nouveau duc de Bourgogne dans une voie funeste pour la France et ignominieuse pour lui. *Philippe le Bon* entra en pourparlers avec les Anglais et s'unit avec eux (21 mars 1420). Le traité de Troyes fut accueilli à Dijon par de grandes démonstrations de joie.

La guerre qui s'ensuivit couvrit la Bourgogne de ruines. Philippe le Bon fut prodigue du sang et de l'argent de ses sujets. Citons, pendant cette période, le siège et la prise des châteaux de Maillys et de Grancey. Enfin le duc Philippe se rapprocha du dauphin Charles, et conclut avec lui le traité d'Arras (1435), qui l'attacha définitivement à la cause nationale.

Cependant de nouvelles calamités attendaient encore notre pays. Les souffrances et les misères qu'il avait endurées pendant la première période du règne de Philippe le Bon, le disposaient plus que tout autre aux ravages de la peste terrible et de la famine affreuse, qui s'abattirent sur la France en 1438, et qui sévirent en Bourgogne avec une grande intensité. La violence de la contagion fut telle que le cours de la justice fut suspendu à Dijon pendant près d'une année, et que l'hôpital du Saint-Esprit enregistra dix mille décès sur quinze mille pauvres qu'il reçut.

Quelque temps avant le traité d'Arras, Philippe le Bon était intervenu dans une guerre de succession de Lorraine. René d'Anjou, l'un des compétiteurs, prisonnier du duc de Bourgogne, fut conduit à Châtillon-sur-Seine, ensuite à Talant, enfin à Dijon, dans une tour du palais des ducs, appelée depuis la *Tour de Bar*. René recouvra la liberté en 1435, au traité d'Arras.

Vers 1439, les *Écorcheurs* firent une nouvelle apparition en Bourgogne, mais on leur opposa une vigoureuse résistance. Lorsque ces pillards eurent rançonné Is-sur-Tille, et laissé des traces sanglantes de leur passage en Auxois, les seigneurs bourguignons leur firent une rude guerre : la Saône et le Doubs furent remplis de leurs cadavres et leurs bandes furent encore défaites, à *Chanteau*, près de Saulieu. Treize écorcheurs surpris au faubourg d'Ouche, à Dijon, furent noyés dans la rivière, puis inhumés dans un champ.

L'année 1443 fut signalée par de grandes réjouissances d'une durée de quarante jours, à l'occasion d'un tournoi qui eut lieu à *l'arbre de Charlemagne*, de Marsannay-la-Côte. Le baron de Charny y obtint l'érection de ses biens en comté.

Pendant la Praguerie, le dauphin Louis se réfugia en Bourgogne et le duc Philippe le reçut généreusement, lui donnant le château de Genays (aujourd'hui du canton de Semur) avec 12.000 écus par an pour l'établissement de sa maison. C'est à propos de cette réception que le roi de France prononça ces paroles prophétiques : « Mon cousin Philippe reçoit un renard qui, un jour, mangera ses poules. »

Philippe publia les *Coutumes* du duché de Bourgogne en 1459. Il mourut à Bruges, d'une esquinancie, en 1467, à l'âge de soixante-et-onze ans. Son corps fut déposé plus tard, en 1473, aux Chartreux de Dijon.

Les Bourguignons pleurèrent sincèrement leur duc et lui décernèrent le surnom de *Bon*.

Charles le Téméraire (1467-1477). — Nous ne suivrons pas Charles le Téméraire dans sa lutte contre Louis XI, ni dans les guerres qu'il eut à soutenir pour essayer de relier ses possessions et de leur donner quelque cohésion. Ces faits appartiennent à l'histoire de France. Disons seulement que le nouveau duc fut prodigue du sang bourguignon et que c'est, en grande partie, avec des recrues levées dans le duché qu'il perdit les batailles de Granson, de Morat et de Nancy.

Charles le Téméraire, après des démêlés sanglants dans les Pays-Bas, fit, en 1473, une entrée triomphale à Dijon. On se porta à sa rencontre jusqu'au château de Perrigny, où il reçut les hommages de tous les corps constitués. Charles se rendit droit à Saint-Bénigne, où il jura de conserver les privilèges de la ville et de la province.

Il fut tué le 5 janvier 1477, dans la bataille qu'il livra sous les murs de Nancy. Son cadavre ne fut reconnu que deux jours après et ses restes furent transportés à l'église Notre-Dame de Bruges.

IX. Côte-d'Or depuis sa réunion a la couronne jusqu'a nos jours. — Le Téméraire ne laissait qu'une fille de dix-neuf ans, *Marie de Bourgogne*. Louis XI s'empara du duché, qu'il voulait garder, disait-il, « pour sa bonne parente et filleule Marie de Bourgogne; » mais qu'il s'appropria (mars 1477), avec promesse « de maintenir tous les sujets d'icelui duché à toujours, en toutes leurs droitures, franchises, libertés, prérogatives et privilèges, sans qu'aucune nouvelleté leur y fût faite. »

Le parlement de Dijon date de ce même mois de mars 1477.

Marie de Bourgogne épousa *Maximilien*, archiduc d'Autriche.

Excitées par les émissaires impériaux, les villes de Beaune, de Semur et de Saulieu se soulevèrent contre Louis XI, ainsi que celle de Dijon, qui massacra le premier président du Parlement (1478). Cette révolte fut vite apaisée; et le duché resta fidèle à Louis XI, sous la sage administration de son nouveau gouverneur, Charles d'Amboise, seigneur de Chaumont.

Louis XI vint lui-même à Dijon prendre possession du duché, et reconnut, par lettres patentes du dernier juillet 1479, les privilèges des habitants de Dijon et du duché.

Après la mort de Louis XI, en 1488, le duché resta fidèle à Charles VIII et à Anne de Beaujeu, malgré les avances du duc d'Orléans.

Le roi de France, allant en Italie, prit possession à Dijon du duché de Bourgogne, et jura d'en respecter les privilèges. Mais Charles VIII quitta promptement la ville, par crainte de la peste qui y faisait de grands ravages, et qui fit transférer à Talant la Chambre des Comptes (1494).

Louis XII donna le gouvernement du duché au *comte de Nevers*. Le nouveau gouverneur reçut de grands honneurs à Dijon, à Nuits et à Beaune, qui « le régalèrent de plusieurs pièces de bons vins. »

Le règne de Louis XII fut bien malheureux pour le Duché. De 1500 à 1531, pestes successives qui obligèrent la Chambre des Comptes à tenir tour à tour ses assemblées à Auxonne et à Barjon. En 1531, la contagion fut si violente que la ville de Dijon se plaça sous la protection de Sainte-Anne pour obtenir la cessation du fléau.

En 1513, une armée de 40,000 Suisses, Allemands et Comtois envahit le duché de Bourgogne ; le 7 septembre, elle vint mettre le siège devant Dijon, après avoir ruiné les villages de Ruffey et de saint Apollinaire. La ville n'était défendue que par 5000 hommes environ commandés par La Trémouille alors gouverneur du duché. La Trémouille entra en pourparlers avec les ennemis et conclut avec eux un traité (15 septembre 1513) qui les éloignait, moyennant une contribution de 400 mille écus. La France fut ainsi sauvée d'une véritable invasion ; car la ville de Dijon enlevée, aucune résistance ne pouvait être opposée à la marche des ennemis en France.

Louis XII vint à deux reprises dans le duché. Une première fois, en 1500, à Dijon, il promit de conserver les priviléges du pays ; une seconde fois, en 1510, il se rendit à Auxonne et à Dijon, fit jeter plusieurs ponts sur l'Ouche et la Tille, pour faciliter le voyage de la cour, et restaurer le Palais des Ducs, endommagé par un incendie qui s'y était déclaré le 17 février 1702.

Il fit également construire le Palais de Justice de Dijon, où l'on admire la salle des audiences publiques (1511). Plus tard, Charles IX y ajouta la salle d'entrée (12 novembre 1571).

François Ier reconnut le service signalé rendu à la France par la ville de Dijon en s'opposant, en 1513, à l'armée qui l'assiégeait. Il accorda aux Dijonnais le droit d'avoir des fiefs, quoiqu'ils ne fussent pas nobles, sans payer aucune redevance, et il les déchargea de quelques impositions pendant neuf années.

En 1522, le duché fut envahi à nouveau par quelques aventuriers italiens qui ravagèrent plusieurs bourgs de l'Auxois, et il fallut convoquer le ban et l'arrière-ban de la noblesse provinciale pour les expulser.

La Bourgogne restait fortement attachée à la fortune de la France. Quoique appauvrie par les subsides levés en 1513 pour éloigner les Suisses, elle contribua pour beaucoup au payement de la rançon du roi de France, fait prisonnier à Pavie (1525) ; et les Etats de Bourgogne refusèrent l'année suivante de livrer la province à Charles-Quint, malgré les clauses du traité de Madrid.

Charles-Quint envoya de Lannoi avec cinq cents chevaux et deux régiments d'infanterie sommer les habitants d'Auxonne de se livrer à lui (1527). La ville résista victorieusement aux attaques des Impériaux. « Lannoi manqua même d'être surpris dans la forêt des Crochères, où il s'amusait à la chasse, et à peine put-il se sauver à Dôle... Ses troupes délogèrent la nuit même. » (D'après Courtépée.)

La Bourgogne eut à souffrir des guerres de religion; catholiques et protestants y commirent des désordres et des crimes; pillages, incendies, bannissements, meurtres, invasions, tels sont les faits lamentables de cette période de fanatisme et d'ambitions personnelles mal déguisées. Je passerai rapidement sur ces temps de troubles, en me contentant seulement d'en énumérer les principaux événements, parce que leurs commentaires m'entraîneraient trop loin.

En 1562, douze à quinze cents protestants dijonnais, ayant pris une attitude menaçante, sont chassés de la ville et quelques-uns faits prisonniers. — En 1567, les protestants de Beaune et de Dijon parcourent les campagnes, s'unissent à des troupes suisses et ravagent le duché; d'autre part, les catholiques tuent les protestants partout où ceux-ci sont les plus faibles. — En 1569, une armée de reitres entre en Bourgogne, où elle met tout à feu et à sang; et, après la bataille de Moncontour, les catholiques sont défaits près d'Arnay-le-duc, par l'amiral Coligny.

La province fut préservée de la honte des massacres de la Saint-Barthélemy, grâce aux sages conseils du président Jeannin, qui exposa vivement au lieutenant-général que le roi n'avait pu ordonner le massacre « avec une mûre délibération, » et que, du reste, « les gouverneurs en justice ont trente jours pour faire exécuter les mandats extraordinaires. » Un contre-ordre arrivait quelques jours après. Honneur à ce citoyen sage, humain, généreux et dévoué !

En 1576, la Bourgogne fut envahie par 6.000 reitres sous le commandement du jeune prince de Condé : Châtillon fut menacée, Dijon attaquée sans succès, Nuits prise et pillée pendant trois jours.

La Ligue s'établit fortement en Bourgogne sous le gouvernement du duc de Mayenne ; et, après le meurtre de Guise, à Blois (1588), la province se divisa en deux partis : celui de la Ligue, dans lequel entrèrent Dijon et les principales villes du duché avec Mayenne pour chef ; celui du roi, ayant à sa tête Tavannes, et qui comprit les villes de Saint-Jean-de Losne, de Flavigny et de Saulieu. Ces deux partis se firent une guerre cruelle, qui couvrit la Bourgogne de ruines. Mayenne prétendit se maintenir en Bourgogne comme lieutenant-général de la Ligue, et se jeta dans les bras des Espagnols qui lui firent une pension mensuelle de 10.000 écus. Heureusement, la victoire de Fontaine-Française (5 juin 1595) anéantit la résistance de Mayenne; le roi Henri IV entra à Dijon le 6 juin, et le duché fut pacifié.

Le duché fut tranquille jusque vers le milieu du règne de Louis XIII. Le roi fit son entrée à Dijon le 31 janvier 1629 et reconnut les franchises de la ville et de la province.

De 1629 à 1631, le duché fut ravagé par des pestes et des famines qui engagèrent les magistrats de Dijon à renouveler le vœu fait à Sainte-Anne un siècle auparavant. La famine fut telle, en 1631, que le peuple se jetait sur les viandes corrompues et n'en laissait que les os.

Le duché souffrit aussi des guerres et des conspirations des grands contre le cardinal Richelieu, et le plat pays fut ravagé plusieurs fois par les partisans des seigneurs révoltés.

La guerre de Trente-Ans montra tout ce que l'on pouvait attendre de la valeur et du patriotisme des Bourguignons. En 1636, une armée impériale de 30.000 hommes, sous la direction de Gallas, vint mettre le siège devant Mirebeau, qui résista vaillamment, mais fut prise et saccagée; quelques défenseurs, réfugiés dans le château, tinrent ferme pendant trois jours et obtinrent une capitulation honorable. Gallas s'approcha ensuite de Dijon ; mais, trouvant la ville bien gardée, il se rabattit tout-à-coup sur Saint-Jean-de-Losne et l'investit (28 octobre 1636). Ce fut un siège héroïque. La faible garnison, soutenue par le courage des habitants, résista à toutes les attaques et repoussa tous les assauts; et Gallas se retira précipitamment, ne ramenant en Allemagne que 12.000 hommes à peine de la brillante armée qu'il commandait à son entrée en Bourgogne. Le roi récompensa les valeureux habitants de Saint-Jean-de-Losne, en leur accordant des privilèges et l'exemption de tous impôts.

La Bourgogne fut tranquille sous la première Fronde. Gouvernée par le prince de Condé, qui embrassa la cause royale, elle resta étrangère aux menées féodales qui ensanglantèrent cette époque. Il n'en fut pas de même sous la seconde Fronde. Les Bourguignons, fortement attachés à la maison de Condé, prirent, en grand nombre, parti pour le prince, et la province fut agitée une nouvelle fois; le combat d'Arc-sur-Tille (28 février 1650); le siège du château de Dijon (26 novembre 1651); celui de Seurre, en 1653, suivi du démantèlement de la ville, sont les faits importants qu'il convient de mettre en évidence pendant les troubles de la seconde Fronde. La paix des Pyrénées (1659) rendit le gouvernement du Duché au prince de Condé, et ramena la concorde.

La Révolution Française fut accueillie avec enthousiasme dans le duché, qui envoya de nombreuses milices combattre les ennemis de la France, et contribua ainsi à assurer l'ère de liberté qui commençait. Mais la Bourgogne n'existait plus : quatre départements en furent formés, parmi lesquels celui de la Côte-d'Or.

Le département de la Côte-d'Or n'eut pas à souffrir des excès de la Révolution; sa population calme, tranquille, habituée depuis longtemps aux idées de liberté et de franchises, resta en dehors de la vie fiévreuse qui engendra les écarts de la période révolutionnaire.

Après Waterloo, la ville de Seurre essaya en vain de résister aux armées envahissantes; trop faible, elle capitula.

Pendant la guerre de 1870-71, l'attitude du département fut fière et digne de son passé. La ville de Dijon résista courageusement à l'invasion allemande (journée du 30 octobre), mais elle fut obligée de subir la présence de nos ennemis. D'autre part, l'armée française disputait pied à pied le sol de la Côte-d'Or aux combats de Châtillon-sur-Seine, de Pâques, de Prenois et de Nuits (novembre et décembre 1870). Bientôt l'entrée en ligne de l'armée de l'Est entraîna l'abandon de Dijon par les

Prussiens, et son occupation par l'armée de Garibaldi, forte de 25 à 30,000 hommes, qui soutint un combat heureux de trois jours contre les troupes allemandes, les 21, 22 et 23 janvier 1871.

Un armistice, conclu le 28 janvier, entre la France et l'Allemagne, et bientôt suivi d'un traité de paix, mit fin aux hostilités.

LES PERSONNAGES REMARQUABLES

DE LA COTE-D'OR

Par L. ANGOT

I. — ÉCRIVAINS

DESPÉRIERS (1507-1544). — *Bonaventure Despériers* est né à Arnay-le-Duc, vers le commencement du seizième siècle. Il fit d'excellentes études probablement à Autun, où l'instruction était en honneur.

Les solides connaissances de Despériers le firent choisir comme successeur de Clément Marot, dans la charge de valet de chambre et de lecteur de la reine Marguerite de Valois, sœur de François Ier.

A cette époque régnait à la cour une grande liberté de discussion; on ne parlait que de réformes religieuses, et les questions théologiques étaient fort à la mode. Despériers se signala, dans ces circonstances, par sa hardiesse d'opinions, embrassa la réforme, et publia le *Cymbalum mundi*, ouvrage dont le fonds d'impiété entraîna sa disgrâce (1537).

Despériers se retira à Lyon, où il vécut dans la gêne, et fut obligé d'apprendre à lire aux enfants pour vivre comme il le dit lui-même :

« M'en retournai faire aux enfants lecture. »

Il est à peu près certain que la reine de Navarre, Marguerite de Valois, se départit un peu de sa rigueur à l'égard de son ancien lecteur, et qu'elle lui fit passer quelques secours à Lyon.

Despériers rentra en grâce en 1541. On croit, non sans raison, qu'il participa à la rédaction des *Nouvelles de la reine de Navarre*.

Despériers aimait les plaisirs ; ses excès ruinèrent sa santé ; et, dans un accès de fièvre chaude, il se perça de son épée, malgré la surveillance à laquelle il était soumis (1544).

Il a laissé un grand nombre d'ouvrages écrits d'un style vigoureux, sans affectation, ayant les qualités et les avantages d'une langue déjà faite. Ce qui distingue les œuvres de Despériers, c'est « surtout l'instinct du conteur aimable, qui fait volontiers rentrer l'historiette jusque dans ses parenthèses, et l'expression rieuse du philosophe insouciant, qui fait consister la sagesse à rire de toutes choses. » (Ch. Nodier.)

DE LA MONNOYE (1641-1728). — *Bernard de la Monnoye* naquit à Dijon en 1641, et étudia sous les Jésuites de sa ville natale. Il alla faire son droit à Orléans, et débuta au Parlement de Dijon en 1662 ; mais son goût pour les lettres le fit renoncer au barreau.

Il se fit connaître en obtenant, en 1671, le prix de poésie de l'Académie française sur ce sujet, *l'abolition du Duel*, et plusieurs fois de suite le même prix lui fut décerné par cette compagnie.

Ses amis l'engageaient à se fixer à Paris ; il s'y refusa et, du sein de son indépendance, il composa de beaux vers qui augmentèrent sa réputation. Mais c'est surtout par ses *Noëls Bourguignons*, écrits en patois du pays, qu'il acquit une véritable célébrité : ces chants populaires, pleins de gaieté, de naïveté et de sel, furent bientôt dans toutes les bouches.

L'étude sérieuse qu'il avait faite des écrivains anciens, l'engagea à mettre en latin son poème du *Duel*, et en grec plusieurs *odes* d'Horace, et la *sixième satire* de Boileau. Les littératures espagnole et italienne lui furent aussi très familières, et il fut reçu membre de l'Académie de Padoue en 1687.

De la Monnoye consentit enfin, en 1707, à venir à Paris, où il fut élu, à l'unanimité, membre de l'Académie française en 1713. Il jouissait de la considération que lui attiraient ses travaux littéraires, lorsque le système financier de Law lui enleva ce qu'il possédait; son calme et sa tranquillité n'en furent pas altérés. Le produit de la vente de sa bibliothèque, dont il conserva l'usage; les secours qu'il reçut d'amis véritables, le conduisirent, toujours impassible, au terme de sa vieillesse, arrivé le 15 octobre 1728.

De la Monnoye était d'une grande modestie; sa douceur, son urbanité, sa franche gaieté, ses mœurs irréprochables, sa nature expansive et aimante, sa valeur comme critique et philologue, lui firent de nombreux amis, qui ne l'abandonnèrent pas dans les épreuves de ses dernières années.

BOUHIER (1673-1746). — *Jean Bouhier*, écrivain érudit, naquit à Dijon le 16 mars 1673. Il était le petit-fils de Jean Bouhier, conseiller au Parlement de la même ville.

Il fit d'excellentes études, apprit l'italien, l'espagnol, l'hébreu; alla à Orléans étudier le droit et revint dans sa ville natale, en qualité de conseiller au Parlement de Dijon (1692). Il en devint président en 1704.

Son goût pour les lettres était très vif, et il s'y livra avec passion et succès : « Jurisprudence, philologie, critique, langues, histoire, traductions, éloquence et poésie, il remua tout, » dit d'Alembert. Il jouissait d'une juste considération et d'une réputation méritée de savant, d'érudit et d'écrivain.

En 1727 il fut élu membre de l'Académie française.

Atteint de la goutte, il fut obligé d'abandonner sa charge de président du Parlement, et ne s'occupa plus que d'études littéraires.

Bouhier était serviable et bon; il ouvrait volontiers sa bibliothèque à ceux qui voulaient y puiser.

Il mourut pieusement à Dijon, le 17 mars 1746, dans les bras du P. Oudin, son ami.

Bouhier est un écrivain fécond, mais parfois dépourvu d'élégance; les nombreux ouvrages qu'il nous a légués témoignent d'une vaste érudition et d'une rare activité.

CRÉBILLON (1674-1762). — Prosper Jolyot de Crébillon, poète tragique, naquit à Dijon, le 13 janvier 1674, de Melchior Jolyot, notaire royal, et de Henriette Gagnard.

Il commença ses études chez les Jésuites de sa ville natale, et s'y fit remarquer par son intelligence, mais aussi par sa turbulence, s'il faut en croire l'annotation suivante portée au registre de l'établissement, en regard du nom de l'élève : « *Puer ingeniosus, sed insignis nebulo.* — Enfant plein d'esprit, mais franc polisson. » Il passa ensuite au collège Mazarin, étudia le droit, fut reçu avocat, et placé chez un procureur.

Mais ce procureur sut deviner le génie de Crébillon, et il engagea son clerc à se livrer à la poésie dramatique. Crébillon composa sa première pièce sur *les Enfants de Brutus* : on la refusa et elle fut jetée au feu par son auteur. Cet échec ne le découragea pas, et le 29 décembre 1705, il débutait définitivement dans la carrière dramatique par *Idoménée*, qui obtint un véritable succès. Il donna successivement *Atrée et Thyeste* (1707); *Electre* (1709); *Rhadamiste et Zénobie* (1711), son chef-d'œuvre et l'une des pièces les plus remarquables du répertoire français; *Xerxès* (1714); *Sémiramis* (1717); *Pyrrhus* (1726); *Catilina* (1748); et *le Triumvirat* (1754).

Crébillon avait une prédilection pour les sujets terribles et les effets d'horreur et d'effroi; toutes ses pièces furent empreintes de ce caractère. Il a lui-même donné la raison de cette préférence : « Corneille, dit-il, a pris le ciel; Racine, la terre; il ne restait plus que l'enfer; je m'y suis jeté à corps perdu. »

Le style de Crébillon est rude, inégal, irrégulier, enclin à l'enflure, à la déclamation, et parfois barbare à force de négligence; mais ce poète savait remuer l'âme par les pensées sublimes, les peintures hardies, les traits pleins de force et d'originalité, l'énergie des vers, le mouvement et l'action qu'il savait imprimer à ses pièces.

Crébillon vécut et mourut pauvre. Son caractère indépendant, la négligence qu'il apporta dans ses relations et dans l'administration de ses biens, l'espèce de misanthropie dans laquelle il se renferma, son amour des plaisirs et des folles dépenses furent les principales causes de la gêne où il vécut jusqu'à sa mort. Il fut nommé censeur royal en 1735; et, dix ans après, pensionné par madame de Pompadour et placé à la Bibliothèque.

Crébillon était d'un naturel gai et plaisant, simple et loyal, détestant l'épigramme, et ne pouvant supporter la louange. Sa mémoire était prodigieuse; il composait toutes ses pièces sans les écrire, et ne les mettait sur le papier que pour les donner au théâtre; les passages qu'il croyait devoir supprimer s'effaçaient entièrement de son esprit, et étaient remplacés par la correction.

Crébillon mourut à Paris, le 17 juin 1762, et fut inhumé dans les caveaux de l'église Saint-Gervais. Il était membre de l'Académie française depuis 1731.

Le titre de Crébillon lui fut donné du petit fief de même nom, situé sur le finage de Brochon, et acquis par son père en 1687.

PIRON (1689-1773). — Alexis Piron est né à Dijon, le 9 juillet 1689. Son père était apothicaire, sans fortune, d'une honorabilité parfaite et ami des lettres. Le jeune Piron fit de bonnes études à Dijon; tourmenté déjà par le goût de la poésie, son plaisir extrême était, a-t-il dit, « d'ourler des rimes. »

Il se décida d'abord pour le barreau; mais un revers de fortune le força d'abandonner cette voie. Ses idées de gloire poétique hantèrent de nouveau son esprit, et il écrivit alors de nombreuses épigrammes.

Une *Ode* licencieuse qu'il composa l'obligea de quitter sa ville natale pour échapper aux reproches de ses amis, et même aux menaces de la justice. Il vint à Paris et fut occupé, en qualité de copiste, à quarante sous par jour, chez le chevalier de Bellisle. Il se rebuta bien vite de ce travail, et, privé de ressources, il « saisit la poésie » comme dernière planche de salut.

Heureusement pour lui on vint lui offrir cent écus pour écrire une pièce destinée au théâtre de la Foire: cette pièce, *Arlequin Deucalion*, fut composée en deux jours. Elle fut suivie de plusieurs autres qui lui procurèrent quelques ressources.

Crébillon le pressa alors de travailler pour un théâtre plus digne de lui, et il donna successivement à la Comédie-Française: *les Fils ingrats* (1728), *Callisthène*

(1730); *Gustave Wasa* (1733), qui tombèrent toutes, à l'exception de la dernière ; mais il mit le sceau à sa réputation par la comédie de *la Métromanie*, un des chefs-d'œuvre de la scène française.

Cette admirable comédie, des épigrammes parfois cruelles, un petit nombre de pièces fugitives, pleines d'esprit et de finesse, composent les titres durables de la gloire littéraire de notre poète.

Piron avait une vue très mauvaise ; se promenant un jour dans le parc de M. de Livry, un de ses bienfaiteurs, il fit une chute fort grave qui abrégea sa vie ; il mourut à Paris, le 21 janvier 1773.

Piron était d'une humeur vive, enjouée, d'une gaieté inaltérable, d'une insouciance parfaite ; on recherchait sa société pour ses bons mots et ses reparties spirituelles. Le malheur ne savait par où le prendre et avait renoncé à le poursuivre : sa vie s'écoula au milieu d'amis qu'il aimait et qui le payaient de retour.

DE BROSSES (1709-1777). — Charles de Brosses naquit à Dijon, le 17 février 1709. Il fit de brillantes et rapides études. Destiné à la magistrature, il s'adonna à la connaissance du droit sans oublier les lettres et les sciences pour lesquelles il montrait des dispositions particulières.

Il visita l'Italie en 1739 ; et, à son retour, il publia ses « *lettres sur l'état actuel de la ville souterraine d'Herculanum ;* » l'ouvrage fut traduit en italien et en anglais.

Ami de Buffon, il publia, sur son invitation, l'*Histoire des navigations aux terres australes* (1756), qui est encore appréciée. Cet ouvrage fut suivi de plusieurs autres qui montrent l'érudition et l'étendue des connaissances de leur auteur : *Traité de la formation mécanique des Langues* (1765) ; — *Histoire du septième siècle de la République romaine*, accompagnée d'une étude savante de la *Vie de Salluste* (1777).

Premier Président au Parlement de Dijon, de Brosses s'occupait de ses travaux littéraires, sans négliger les fonctions de sa charge. En relation avec les savants et les lettrés de l'époque, il entretenait une vaste correspondance et collaborait au *Dictionnaire encyclopédique*.

Il entra à l'Académie des Belles-Lettres en 1758 et mourut à Paris le 7 mai 1777, regretté de tous ceux qui l'avaient connu et qui avaient apprécié la gaieté de son caractère et la vivacité de son esprit.

CAZOTTE (1720-1792). — Jacques Cazotte, fils d'un greffier des Etats de Bourgogne, naquit à Dijon en 1720 et fit ses études dans la même ville, au collège des Jésuites.

Entré dans l'administration de la marine, il fut envoyé, en 1747, à la Martinique en qualité de contrôleur des Iles du Vent, et s'y fit remarquer par l'énergique résistance qu'il opposa aux Anglais à l'attaque du fort Saint-Pierre (1759). Il y épousa la fille du Président du Tribunal, Elisabeth Boignon.

Le climat des tropiques lui était funeste ; il donna sa démission de contrôleur, rentra en France pour se mettre en possession du riche héritage que la mort de son père lui avait laissé, et ne s'occupa plus dès lors que de lettres.

Avant son départ pour les Antilles, Cazotte s'était déjà fait connaître par deux bluettes qui avaient obtenu un vif succès : la romance naïve, *Tout au beau milieu des Ardennes* ; et la chanson, *Commère, il faut chauffer le lit*. A la Martinique, il composa un poème en prose, *Ollivier*, qui fut publié en 1763, et bien accueilli du public. A son retour, il fit paraître les jolis contes du *Diable amoureux* et de *Lord Impromptu* (1771-72) ; *Les mille et une fadaises* ; *Les guerres de l'Opéra* ; *l'atte de chat* ; *Contes arabes* ; *Rachel ou la belle Juive* ; *la Brunette anglaise*, où brillent la force d'imagination, l'originalité et la richesse de style de Cazotte.

La facilité de travail de Cazotte était étonnante : il composa, à la suite d'un pari, en une seule nuit et sur un mot donné, l'opéra comique des *Sabots*, qui fut représenté avec succès. Rameau en écrivit la musique.

A la fin de sa vie, Cazotte entra dans une secte d'illuminés, et se fit dès lors remarquer par une piété exaltée.

Cazotte était l'ennemi du mouvement révolutionnaire : il se mit en relation avec la cour pour la pousser à la résistance, et il entretint une longue corrrespondance dans laquelle il envoya, à plusieurs reprises, des plans d'évasion pour la famille royale. Cette correspondance fut saisie et son auteur envoyé en prison. Echappé au massacre, grâce au sang-froid, à l'énergie et à la présence d'esprit de sa fille Elisabeth, qui se jeta au-devant des bourreaux et parvint à leur en imposer, Cazotte fut bientôt arrêté à nouveau et condamné à mort : il monta à l'échafaud d'un pas ferme, le 25 septembre 1792, et mourut en prononçant ces paroles : « Je meurs comme j'ai vécu, fidèle à mon Dieu et à mon roi ! »

DUBOIS (1753-1808). — Jean-Baptiste Dubois, homme de lettres, est né à Jancigny le 22 mai 1753. Son père, instituteur public à Dijon, commença son instruction et la lui fit achever à Paris. Le jeune Dubois était doué des plus brillantes dispositions. A peine sorti de classe, il publia sous ce titre, *Tableau des progrès de la physique, de l'Histoire naturelle et des Arts*, le premier volume d'un ouvrage qu'il avait l'intention de continuer ; mais son départ pour la Pologne empêcha la réalisation de ce projet. A Varsovie, il professa le droit public à l'école royale des Cadets ; traduisit en français plusieurs ouvrages écrits en langue du pays ; fit paraître quelques essais relatifs à l'*Histoire littéraire de Pologne* et à l'*Histoire naturelle du Brandebourg*, et composa le mélodrame *Ariane abandonnée*, qui fut joué à la Comédie italienne, en 1781.

La rigueur du climat altéra sa santé et le contraignit à rentrer en France ; il passa par Potsdam, où le grand Frédéric chercha à se l'attacher.

De retour à Paris, il rédigea le *Journal de littérature des sciences et arts* ; entra en relation intime avec le vertueux Malesherbes, et lui resta attaché dans le malheur. Pendant la période révolutionnaire, Dubois entra à la commission d'agriculture, fut jeté en prison, collabora ensuite à la *Feuille du cultivateur*, et fit paraître plus tard quelques ouvrages d'agriculture, et une notice consacrée à la mémoire de Malesherbes, en témoignage du profond attachement qui l'attachait à cet homme d'État.

Lors de l'établissement des préfectures, Dubois fut nommé à celle du Gard ; puis, quatre ans après, désigné pour l'emploi de Directeur des droits réunis du département de l'Allier. Il mourut à Moulins en 1808.

NISARD (1806-1888). — Jean-Marie-Napoléon-Désiré Nisard, naquit à Châtillon-sur-Seine le 20 mars 1806. Il commença ses études au collège de sa ville natale, et les acheva brillamment à Sainte-Barbe.

Il collabora d'abord au *Journal des Débats*, pour s'attacher plus tard au *National*, ou plutôt à son ami Armand Carrel. Dans l'intervalle, Nisard avait publié la traduction d'un roman anglais contre don Miguel de Portugal, et avait été attaché au Ministère de l'Instruction publique. Vers la même époque, il écrivit *Les Poètes latins de la décadence* (1834), et s'éleva depuis contre la transformation de la littérature française. Après avoir été secrétaire de M. Guizot, Nisard fut nommé maître de conférences à l'École normale, et il remplit ces fonctions avec éclat jusqu'en 1844.

Secrétaire au Ministère de l'Instruction publique (1836); maître des requêtes au Conseil d'État; collaborateur de la *Revue des Deux-Mondes*; chef de la division des Sciences et des Arts (1837), député du département de la Côte-d'Or (1842); il fut appelé, en 1843, par M. Villemain, à la chaire d'éloquence latine au Collège de France.

L'Académie Française le reçut en 1850. Nommé inspecteur général de l'enseignement supérieur, il prit une part active à la réorganisation des études de l'École normale, et remplaça M. Villemain dans sa chaire d'éloquence française. Tout en conservant sa chaire de faculté, il fut appelé par M. Rouland à la direction de l'École Normale supérieure (1857).

Nisard fut nommé officier de la Légion d'honneur en 1845, et Commandeur le 16 juin 1856. Il mourut à Paris en mars 1888.

Nisard était d'un commerce attrayant, très élégant, très séduisant, d'une figure agréable; c'était surtout un conteur admirable : ses jours de réception, on faisait cercle autour de lui pour l'écouter.

Il a laissé un grand nombre d'études littéraires.

Citons encore, parmi les écrivains de la Côte-d'Or :

Papillon Almaque (1487-1559), dont il nous reste six ou sept cents vers assez bien tournés, dédiés à François I*er*, son protecteur.

Languet (Hubert) (1518-1581), écrivain politique d'une grande hardiesse. Son principal ouvrage a pour titre : *De la puissance légitime du prince sur le peuple*.

Tabourot, Seigneur des Accords (1547-1590). Esprit gai, ami du bizarre et du facétieux, il mania l'épigramme avec succès et composa plusieurs pièces de vers, parmi lesquelles on cite *La Coupe poétique* et *La Marmite*.

Lenet (Pierre) (1600?-1671), dont madame de Sévigné écrivait qu'il avait « de l'esprit comme douze. » Il a laissé des *Mémoires sur l'Histoire des guerres civiles* des années 1649 et suivantes.

Bernard de Roqueleyne (1659-1721). Il a laissé un *Discours sur les anciens*, des *Idylles*, et plusieurs tragédies, dont l'une, *Médée*, obtint quelque succès.

Languet de Gergy (1677-1753), devint archevêque de Sens et écrivit des ouvrages de controverse contre les jansénistes et les convulsionnaires.

Le Gouz de Gerland (1795-1774), historien local, a laissé : *Essai sur l'histoire des premiers rois de Bourgogne et sur l'origine des Bourguignons* ; *Dissertation sur l'origine de la ville de Dijon et sur les antiquités découvertes sous les murs bâtis par Aurélien*.

L'abbé Courtépée (1721-1782), autre historien, est surtout connu par sa *Description historique et topographique du duché de Bourgogne*.

Béguillet (Edme) (1730-1786), a écrit plusieurs ouvrages sur l'agriculture et sur l'histoire du duché de Bourgogne.

Clément (Jean-Marie-Bernard) (1742-1812), s'est surtout adonné à la critique littéraire. On lui a reproché une sévérité outrée, et Voltaire lui a donné le surnom d'*Inclément*, qui lui est resté.

II. — SAVANTS ET ÉRUDITS

DE SAUMAISE (1588-1653). — Claude de Saumaise, érudit d'une grande valeur, naquit à Semur-en-Auxois le 15 avril 1588. Son père, Bénigne de Saumaise, commença son éducation et lui enseigna le latin et le grec avec le plus grand succès. A seize ans, il fut envoyé à Paris pour compléter ses études, et s'y lia avec le savant Casaubon qui l'engagea à embrasser le protestantisme. Malgré son père, il se rendit en Allemagne, abjura le catholicisme, s'y livra avec ardeur à un travail d'érudition absorbant, et tomba malade de fatigue, avant d'avoir pu éditer son premier ouvrage.

Ses vastes connaissances le mirent en correspondance avec les savants de l'époque, qui le consultaient sur des points contestés.

Pour se conformer au désir de son père, il se fit inscrire comme avocat au Parlement de Dijon (1610), mais sans paraître au barreau; trop préoccupé qu'il était alors d'anthologie grecque et de controverse, qui le placèrent parmi les hommes les plus érudits de cette époque. Dans le même temps, il fit paraître le plus remarquable de ses travaux, formant comme la suite des *Douze Césars* de Suétone : cette publication le plaça au premier rang des commentateurs, des érudits et des critiques littéraires.

Le 5 septembre 1623, Saumaise épousa Anne Mercier, fille d'un des principaux chefs du protestantisme dans notre pays, et cette alliance le fixa pour quelques années en France, où il acheva son grand travail sur l'*Histoire naturelle de Pline* (1629), véritable encyclopédie qui l'obligea à faire des recherches jusque dans les ouvrages scientifiques des Arabes et des Persans, et qui jeta un jour nouveau sur les sciences naturelles.

La réputation de Saumaise était européenne; il écrivit, à la demande de Charles II, réfugié en Hollande, l'*Apologie de Charles Ier*, décapité par ordre de Cromwell; Christine de Suède le pria de se rendre près d'elle, en l'assurant, dans des lettres de sept pages, écrites en latin, qu'elle ne « pouvait vivre contente sans lui, » mais l'Académie de Leyde le réclama bientôt à

Christine, parce que « le monde ne pouvait se passer de la présence du soleil, ni leur Université de celle de Saumaise. »

Les fatigues de ce voyage affaiblirent tellement ses forces qu'il mourut peu de temps après (6 septembre 1653), à Spa, où il était en traitement.

Saumaise avait une mémoire prodigieuse ; il avait appris seul le persan, le chaldéen, l'hébreu, l'arabe, le copte, et commencé l'étude de la langue étrusque. Son œuvre fut immense : il laissa plus de quatre-vingts livres imprimés, et un peu moins d'ouvrages manuscrits.

BUFFON (1707-1788). — Georges-Louis Leclerc, comte de Buffon, grand naturaliste français et grand écrivain, naquit à Montbard, le 7 septembre 1707 ; son père, Benjamin Leclerc, était conseiller au Parlement de Dijon.

Après de brillantes études, il voyagea en France, en Italie et en Angleterre, pour étudier les productions de ces contrées. Il porta ensuite ses recherches sur la physique, la géométrie et l'économie rurale, et fut admis à l'Académie des sciences en 1733.

Buffon ne s'occupa définitivement d'histoire naturelle qu'après sa nomination d'intendant du *Jardin du Roi* (1739). Il se consacra tout entier à ses nouvelles fonctions et entreprit de décrire la nature. Pour la réalisation de son vaste projet, il s'adjoignit un de ses compatriotes, Daubenton, esprit méthodique et exact, d'une patience à toute épreuve, simple, désintéressé et rempli d'abnégation.

Daubenton se chargea de la partie anatomique de tous les êtres ; Buffon se réserva la description extérieure des animaux et la partie littéraire de l'œuvre.

Trois volumes virent le jour après dix années d'un travail incessant et ardu ; quinze autres volumes parurent de 1747 à 1767.

A partir de ce moment, la collaboration de Daubenton fut remplacée par celle de Guéneau de Montbéliard et de l'abbé Bexon, et l'histoire des oiseaux fut éditée de 1770 à 1787.

Buffon publia seul les études sur les minéraux, de 1783 à 1788.

Ce monument d'histoire naturelle obtint un grand succès. Ses qualités d'observation rigoureuse et d'exactitude mathématique, le style imagé, chaud et coloré qui le distinguait, tout concourait à en faire une œuvre d'une grande valeur et une véritable peinture de la nature.

Nommé membre de l'Académie française en 1753, Buffon y prononça un *Discours sur le style* qui est un de ses chefs-d'œuvre. Comblé des bienfaits du Roi, élevé à la dignité de comte, il mourut de la pierre à Paris, le 16 avril 1788.

Buffon avait des manières de grand seigneur, qui firent dire qu'il ressemblait plutôt à un maréchal de France qu'à un homme de lettres; on sait qu'il ne pouvait écrire qu'en manchettes et en jabot. Il avait épousé, en 1752, à Fontaine-en-Duesnois, Marie-Françoise de Saint-Belin, fille des seigneurs de cette localité.

DAUBENTON (1716-1799). — Fils de Jean Daubenton, notaire, et de dame Pichenot. Louis-Jean-Marie Daubenton naquit à Montbard, le 29 mai 1716. Il fit de brillantes études à Dijon et à Paris. Reçu médecin à Reims, il retourna à Montbard où il fit connaissance de Buffon qui l'attacha à ses recherches d'histoire naturelle.

Daubenton avait dès lors trouvé sa voie et consacra toute sa vie à un travail écrasant, auquel il se livra sans relâche, avec une abnégation qui alla parfois jusqu'au désintéressement le plus absolu. Jalousé par Buffon, il parvint à le ramener à lui par ses grandes qualités personnelles. Doué d'une pénétration remarquable, d'une persévérance rare et d'un grand esprit méthodique, Daubenton se livra à un travail de classification bien en rapport avec ses facultés et son aptitude.

Nommé à Paris garde et démonstrateur du cabinet d'histoire naturelle du Jardin des Plantes (1742) aux modestes appointements de 500 francs, Daubenton s'y livra à ses études de prédilection. Il fut chargé, par Buffon, de la description anatomique de son grand travail d'histoire naturelle; et il s'acquitta avec une exactitude et un ordre admirables de cette tâche immense et difficile.

Aimant la science avec passion, il classait, rassemblait des collections nombreuses, et créait, à vrai dire, le Muséum d'histoire naturelle. Il fit plus : il entreprit la description anatomique et extérieure des pièces classées, et l'ouvrage qu'il fit paraître à cet effet fut reçu avec reconnaissance par le monde scientifique.

Daubenton continua ses recherches et enrichit les sciences naturelles d'une foule d'observations et de vues nouvelles, qui ont fortement contribué à en former presque une science exacte. Ce qui caractérise les travaux de Daubenton, c'est leur côté pratique : à côté de la théorie se placent des conseils sur le côté utilitaire, qui font de ses descriptions des études de science appliquée.

Un des principaux titres de ce savant à la reconnaissance publique, c'est l'initiative qu'il prit dans la question d'amélioration des races ovines par l'acclimatation et les croisements. Les expériences qu'il tenta à ce sujet contribuèrent beaucoup à l'introduction en France des laines mérinos. Le Châtillonnais appliqua les principes de Daubenton et la bergerie de Gevrolles fut installée sur les mêmes bases que celle qu'il avait établie à Montbard.

Membre de l'Académie des Sciences et d'un grand nombre d'autres Académies de l'Europe, celle de Dijon lui ouvrit un peu tardivement ses portes le 19 juillet 1761. Professeur au Collège de France, en 1778; en 1783, à l'Ecole vétérinaire d'Alfort; en 1793, au Muséum; il fut appelé, en 1795, à donner quelques leçons à l'Ecole normale. Membre du Sénat sous le Consulat, il fut frappé d'apoplexie pendant la première séance de cette Assemblée, et mourut, après une agonie de cinq jours, le 31 décembre 1799, âgé de 83 ans. Son corps fut inhumé au Jardin des Plantes.

Daubenton est le modèle de l'homme privé. Sa vie bien remplie, son labeur incessant, ses qualités individuelles doivent être donnés comme exemples.

GUÉNEAU DE MONTBÉLIARD (1720-1785). — Philippe Guéneau de Montbéliard, naturaliste, est né à Semur, le 2 avril 1720. Il fit son éducation à Dijon, alla ensuite à Paris et revint se fixer définitivement dans sa ville natale.

Il se fit connaître comme homme de lettres, en continuant la *Collection académique* de Jean Berryat : mais il quitta ce travail par suite de la retraite de ses llaborateurs.

Ami de Buffon, il devint son collaborateur à son *Histoire naturelle* et se chargea de la partie relative aux *Oiseaux*. Le changement de rédacteur ne fut pas indiqué par Buffon, et le public continua pourtant d'attribuer à ce dernier le travail de Guéneau.

« J'en étais au seizième volume de mon ouvrage sur l'Histoire naturelle, dit Buffon, lorsqu'une maladie grave et longue a interrompu, pendant deux ans, le cours de mes travaux. Mais pour ne pas priver le public de ce qu'il était en droit d'attendre au sujet des *Oiseaux*, j'ai engagé un de mes meilleurs amis, M. Guéneau de Montbéliard, que je regarde comme l'homme du monde dont la façon de voir, de juger et d'écrire a le plus de rapport avec la mienne, je l'ai engagé, dis-je, à se charger de la partie des Ciseaux. Je lui rends témoignage de ses talents, car, ayant voulu se faire juger du public sans se faire connaître, il a imprimé, sous mon nom, tous les chapitres de sa composition, sans que le public ait pu s'apercevoir du changement de main. »

Lorsque Guéneau eut achevé la partie des *Oiseaux*, il entreprit celle des *Insectes*; mais il n'eut pas le temps de la finir : la mort le surprit le 28 novembre 1785.

Il avait collaboré à l'*Encyclopédie* et donné les articles *Etendue* et *Histoire des Insectes*.

Le style de Guéneau est harmonieux, ample, élégant, facile et souple; mais l'originalité et le goût de celui de Buffon lui font défaut.

Guéneau était doué d'une franche gaieté; il avait l'habitude de commencer ses journées par un madrigal ou par une chanson. Il fut aussi le meilleur et le plus dévoué des amis.

Guéneau avait épousé Elisabeth-Bénigne Potot, née à Semur en 1727, femme supérieure, qui partagea les travaux littéraires de son mari. Il nous a laissé, outre ses études d'histoire naturelle : *l'Ingratitude*, poème resté manuscrit ; — *l'Homme de lettres bon citoyen* (1777); — *Discours sur la peine de mort*; — *Traité de l'inoculation*.

GUYTON DE MORVEAU (1737-1816). — Louis-Bernard, baron de Guyton de Morveau, chimiste, naquit à Dijon le 14 janvier 1737. Son père, Antoine Guyton, professeur en droit, le destinait à la magistrature, et lui fit obtenir, par dispense d'âge, à dix-huit ans, la charge d'avocat général au Parlement de Dijon, qu'il exerça jusqu'en 1782.

Mais les sciences l'attiraient, et il occupait ses loisirs à des études et à des recherches de chimie; c'est ainsi qu'il découvrit, en 1773, le procédé de désinfection par le chlore. En 1774, il obtint la création, à Dijon, de cours publics de physique, de chimie, de minéralogie et de médecine, et occupa lui-même la chaire de chimie; mais ses collègues du Parlement lui ayant suscité des ennuis par suite de ces dernières fonctions, il se démit de sa charge d'avocat général pour se consacrer dès lors tout entier à ses études de prédilection (1782).

Il travailla avec Lavoisier à la nomenclature chimique et publia, en 1786, un dictionnaire de chimie, qui lui fit obtenir le prix annuel de l'Académie des sciences, destiné à l'ouvrage le plus utile.

Guyton se montra partisan convaincu des réformes de la Révolution. Elu, par son département, à l'Assemblée Législative, puis à la Convention, il fut membre du Comité de Salut public où il dirigea une partie des recherches scientifiques que nécessitaient les besoins de la guerre.

Envoyé en 1794, en qualité de commissaire, à l'armée du Nord, il y fait des expériences d'aérostation militaire, qui réussissent pleinement, monte lui-même, à Fleurus, le ballon qui observe les mouvements des ennemis et obtient l'organisation d'une troupe pour ce service.

Guyton contribua à l'établissement de l'École polytechnique, où il enseigna la chimie pendant onze ans; à la création du système monétaire et à la fondation de l'Institut, dont il fit partie dès l'origine.

Membre de la Société royale de Londres, créé baron et officier de la Légion d'honneur sous l'Empire, il perdit à la Restauration la place d'administrateur des Monnaies, mais en conserva les émoluments. Un affaiblissement lent et continu de ses facultés le conduisit au tombeau : il mourut à Paris, le 2 janvier 1816.

Les travaux laissés par Guyton de Morveau sont considérables et d'une grande importance ; ils ont eu pour résultat d'imprimer aux études de chimie l'esprit de recherches qui ne fit depuis lors que grandir. Pour ses procédés de désinfection, le chimiste bourguignon doit être regardé comme un bienfaiteur de l'humanité.

Guyton avait fait une expérience d'aérostation à Dijon, sur l'invitation de l'Académie de cette ville. Le ballon, parti de Dijon le 25 avril 1784, à quatre heures et demie du soir, atterrissait près de Magny-les-Auxonne à six heures vingt-cinq minutes, effrayant les paisibles habitants des campagnes qui se mettaient à genoux en le voyant passer, croyant, d'après la chanson bourguignonne, que

> C'éto le diable qu'éto dedan !

La rentrée des aéronautes à Dijon (Guyton et l'abbé Bertrand) se fit au milieu de l'allégresse générale ; sur leur passage on illumina et les dames leur offrirent une couronne de lauriers ;

> Vive Morveau ! crió le monde,
> Ai peu, vive l'aibé Bertran !
> (D'après le journal *Le Progrès de la Côte-d'Or*,
> numéro du 1er septembre 1884.)

MONGE (1746-1818). — Gaspard Monge, célèbre mathématicien, était fils d'un rémouleur en plein vent. Il naquit à Beaune en 1746. Placé au collège de cette ville, il s'y fit bientôt remarquer par ses brillantes facultés intellectuelles et ses dispositions pour les mathématiques. A quatorze ans, il donna de telles preuves d'aptitude que ses maîtres voulurent se l'attacher.

Il continua ses études à l'école militaire de Mézières, grâce aux recommandations d'un lieutenant de génie, qui avait pressenti le savant dans le jeune élève du collège de Beaune; on lui confia bientôt le poste de professeur suppléant du cours de mathématiques. Ses fonctions ne l'empêchèrent pas de se livrer à des études de mathématiques transcendantes, et ce fut à cette époque qu'il créa une science neuve, la *Géométrie descriptive*, qui rompait avec les méthodes surannées; mais il dut lutter vingt ans contre la routine pour la faire accepter.

Membre de l'Académie des sciences en 1780; professeur à la chaire d'hydraulique du Louvre, la même année; examinateur des élèves de la marine en 1783; il publia, en 1788, son *Traité de statique*, qui fut longtemps suivi pour l'enseignement préparatoire à l'École polytechnique.

Monge embrassa avec enthousiasme les idées de la Révolution. Ministre de la Marine après le 10 Août, il mena de front ses études personnelles et les affaires de son ministère. Bientôt attaqué par des factieux, il se retira, mais n'en resta pas moins attaché à la cause de la liberté.

Les dangers que courait alors la patrie envahie allaient, du reste, donner une nouvelle direction à l'activité et au génie de Monge. Le pays manquait d'armes et de poudre pour résister aux envahisseurs : Monge travailla avec ses collègues à trouver des procédés rapides pour la fabrication des engins de guerre, et surveilla les nombreux ateliers qui s'ouvrirent par toute la France. La France révolutionnaire lui doit beaucoup. Honneur donc au savant patriote qui, par son génie, sut armer rapidement nos soldats et contribuer, dans une large proportion, à la défense du pays.

Il professa plus tard, à l'École normale, et participa à la fondation de l'École polytechnique, où il exposa ses leçons sur la *Théorie des surfaces*.

Il se lia ensuite avec Bonaparte, et l'accompagna en Egypte comme membre de la mission scientifique. On sait combien le concours des savants fut heureux, même pour l'armée d'occupation. Monge donna en Egypte l'explication du phénomène du *mirage* et devint le Président de l'Institut créé au Caire par Bonaparte.

De retour en France, il se consacra tout entier à l'École polytechnique.

L'Empire le combla d'honneurs et de dignités. Nommé

sénateur, comte de Péluse, décoré du grand cordon de la Légion d'honneur, doté en Westphalie, gratifié d'une somme de 200,000 francs, Monge se vit dépouiller de tous ses avantages par la Restauration. Le bannissement de son gendre, M. Echassériaux, troubla ses facultés et il mourut à Paris en 1818. Sa statue, exécutée par Rude, orne aujourd'hui une des places de la ville de Beaune.

PRIEUR DE LA COTE-D'OR (1763-1832). — Claude-Antoine Prieur Duvernois naquit à Auxonne. Officier du génie au moment de la Révolution, il fut envoyé, par le département de la Côte-d'Or, à l'Assemblée législative, puis à la Convention, où il se fit remarquer par son travail dans les comités.

Nommé tout d'abord commissaire à l'armée du Rhin, il entra plus tard, sur les instances de Barrère, au Comité de Salut Public, et travailla, de concert avec Carnot, à l'armement des armées, restant plus spécialement chargé de la surveillance de la fabrication de la poudre et des armes. Vainement accusé, après le 9 thermidor, il continua de siéger comme représentant de la nation.

Le 18 juin 1795, parut son mémoire sur l'*Ecole centrale des travaux publics* devenue l'Ecole polytechnique.

Le nom de Prieur est encore attaché à l'établissement du *Bureau des Longitudes*, du *Conservatoire des Arts et Métiers*, de l'*Institut*, et du *système uniforme des poids et mesures*.

Prieur fit partie du Conseil des Cinq-Cents, prit sa retraite de colonel du génie en 1799 et ne s'occupa plus que d'industrie (manufacture de papiers peints). Exilé en 1816, comme régicide, il ne rentra en Bourgogne qu'après la révolution de 1830, et mourut à Dijon en 1832.

On cite comme travaux scientifiques de Prieur : *Traité analytique de chimie*, *Art militaire* (matériel des armées), et *Traité de la décomposition de la lumière*.

ROLLE (1770-1855). — Pierre-Nicolas Rolle, érudit, naquit à Châtillon-sur-Seine le 17 juillet 1770.

Il prit une part active aux guerres de la Révolution avec le grade de capitaine des grenadiers de la Côte-d'Or.

Plus tard, il devint secrétaire de l'Ecole Normale, substitut au directeur de l'Ecole polytechnique, puis directeur du département de la Côte-d'Or.

Nommé, par Frochot, conservateur de la bibliothèque de la ville de Paris, il s'y fit remarquer par son savoir et augmenta considérablement cette même bibliothèque.

Rolle publia quelques travaux d'érudition et de littérature ; il écrivit : *Histoire des religions de la Grèce* ; *Recherches sur le culte de Bacchus* considéré comme symbole de la force reproductrice.

Retiré à Chaume (1830), il y continua ses recherches littéraires et y mourut le 23 août 1855.

Il faisait partie de la Légion d'honneur.

La Côte-d'Or a vu naître beaucoup d'autres savants et érudits.

BÉNIGNE DE SAUMAISE (1560?-1640) étudia avec succès le droit, l'histoire et la géographie, et prépara les voies à son illustre fils Claude.

SAVOT (LOUIS) (1579?-1640?) s'occupa d'architecture, de minéralogie et de numismatique.

DURYER (ANDRÉ) (fin du seizième siècle et commencement du dix-septième), fut un orientaliste de valeur.

CHEVANES (de) (JACQUES-AUGUSTE) a laissé : *Coutumes générales du pays et duché de Bourgogne* ; *Histoire de la Sainte-Chapelle de Dijon*.

SALINS (HUGUES) (de) s'est occupé d'histoire locale et a tenté de prouver que Beaune était la *Bibracte* des Celtes éduens.

PAPILLON (PHILIBERT) (1666-1738) a écrit, entre autres ouvrages : *Bibliothèque des auteurs de la Bourgogne*, où l'on trouve de précieux documents sur la gloire littéraire de la province.

DUREY DE NOINVILLE (1683-1768) a laissé quelques ouvrages d'érudition et de recherches.

SALLIER (CLAUDE) (1685-1761), philologue distingué, fut membre de l'Académie française.

CHASOT DE NANTIGNY (1692-1755) a publié : *Généalogies historiques des anciens patriarches, rois, empereurs, et de toutes les maisons souveraines jusqu'à présent* ; *Tablettes historiques, généalogiques et chronologiques*.

CLÉMENT (DOMINIQUE-FRANÇOIS) (1714-1793), savant bénédictin, a écrit : *Histoire littéraire de la France; Recueil des historiens de France; L'art de vérifier les dates.*

LARCHER (PIERRE-HENRI) (1726-1812), érudit, a fait paraître entre autres ouvrages : *Supplément à la philosophie de l'histoire; Réponse à la défense de mon oncle*, qui eurent beaucoup de succès.

DURANDE (JEAN-FRANÇOIS) (1733-1794) s'est occupé de botanique, et a écrit une *Flore de Bourgogne* estimée.

CHAUSSIER (FRANÇOIS) (1746-1828), célèbre médecin, fonda à Dijon des cours publics d'anatomie et de physiologie, et fut professeur de chimie à l'École polytechnique.

III. — ARTISTES

AUBRIOT (......-1382). — Hugues Aubriot naquit à Dijon de parents obscurs et inconnus.

Prévôt de Paris et intendant des finances sous Charles V, il fut chargé de conduire les travaux de fortifications de la ville de Paris, afin de la mettre à l'abri des attaques des Anglais et d'en rendre plus facile la police intérieure.

Le château de la Bastille date de cette époque.

C'est Aubriot qui, le premier, inaugura les égouts, canaux souterrains destinés à recevoir les immondices et les eaux sales, dans un but de salubrité publique.

Aubriot fut victime du zèle qu'il déploya pour maintenir l'ordre dans la capitale. Ayant fait arrêter quelques écoliers turbulents et insolents, il fut accusé d'hérésie par la corporation puissante de l'Université, condamné, enfermé à la Bastille, puis conduit quelque temps après dans les *Oubliettes* de l'Évêché. Les Maillotins le délivrèrent, en 1381, pour le mettre à leur tête; mais il s'échappa de leurs mains le soir même, et se réfugia en Bourgogne, où il mourut l'année suivante.

PHILANDRIER (1505-1565). — Guillaume Philandrier naquit à Châtillon-sur-Seine en 1505, d'une ancienne famille du pays, et reçut les leçons de son compatriote, Jean Perrelle, qui en fit un savant.

Ses connaissances variées lui valurent le poste de lecteur de l'évêque de Rodez, George d'Armagnac. Les loisirs que lui procurèrent sa charge lui permirent encore d'augmenter son bagage littéraire; et il entreprit d'annoter l'important ouvrage de Quintilien sur l'Art oratoire. Ce travail lui valut les félicitations et les encouragements de la reine de Navarre, Marguerite de Valois.

Il s'occupa ensuite d'architecture, embellit la ville de Rodez de plusieurs monuments et en acheva la cathédrale. Philandrier parcourut l'Italie, y vécut avec les artistes du pays, y reçut les leçons de Sébastien Serlio, de Bologne, et se perfectionna dans ses études d'architecture. De retour en France, il s'occupa de nouveau de l'embellissement de la ville de Rodez, entra dans les ordres et devint archidiacre de l'église cathédrale de cette ville.

Dans un voyage qu'il entreprit pour visiter son protecteur et ami, George d'Armagnac, devenu archevêque de Toulouse, il mourut à Toulouse même, le 18 février 1565.

RAMEAU (1683-1764). — Jean-Philippe Rameau, fils d'un organiste de Saint-Michel de Dijon, naquit dans cette ville en 1683. Il montra de bonne heure des dispositions remarquables pour la musique, et, bien que destiné à la magistrature, il revenait sans cesse à ses chères études. Il partit à l'âge de dix-huit ans pour l'Italie, s'engagea dans un théâtre ambulant; puis, bientôt fatigué de cette vie errante, il se rendit à Paris, où il éprouva de grandes difficultés pour se placer et se faire apprécier, jalousé déjà de ceux qui avaient pressenti son génie musical.

Furieux des obstacles qu'il rencontre, il se rend en qualité d'organiste à Lille, puis à Clermont-Ferrand. C'est dans cette dernière ville qu'il achève son *Traité de l'Harmonie* et compose des cantates, des motets et des pièces pour le clavecin, qui se font remarquer par leur originalité et par la nouveauté de leur style.

Il revint ensuite à Paris, où il toucha l'orgue de l'église Sainte-Croix de la Bretonnerie, et il y publia, en 1722, son *Traité de l'Harmonie*. Rameau s'était alors créé de belles relations et jouissait d'une réputation incontestée de compositeur et de musicien.

Il voulut à ce moment aborder la musique théâtrale ; mais il se vit de nouveau en butte à toutes sortes d'obstacles. Il redoubla d'ardeur, et ses efforts furent enfin couronnés de succès. Son génie fut reconnu sans conteste ; il avait alors 52 ans.

Rameau fut un génie fécond. Outre dix-sept ouvrages sur la théorie de la musique, le nombre des compositions dramatiques qu'il laissa n'est pas inférieur à trente. Il mourut à Paris le 12 septembre 1764, et l'Académie de musique lui fit de magnifiques funérailles. Sa statue, depuis 1876, orne une des places de la ville de Dijon.

Quoique vieillie, la musique de Rameau conserve encore, dans certains passages, la grâce et surtout l'énergie qui la distinguent.

La brusquerie de Rameau était proverbiale. Un jour qu'il faisait visite chez une dame, agacé par le jeune chien de la maison, il ouvre la fenêtre et le jette dans la rue ; puis, revenant vers la dame épouvantée : « Votre chien, lui dit-il, jappait faux. »

VERNIQUET (1727-1804). — Edme Verniquet, architecte, naquit à Châtillon-sur-Seine, le 9 octobre 1727. Il commença ses études dans sa ville natale et les acheva à Dijon. La solidité de ses connaissances, ses talents sérieux dans l'art de construire, le firent bien vite distinguer et lui attirèrent une confiance justifiée, de la part de ses concitoyens.

Verniquet établit sa réputation en construisant en Bourgogne quantité de maisons, de châteaux, de ponts, d'églises, etc., qui se font remarquer par leur bon goût, leur solidité et leur élégance. Appelé ensuite dans beaucoup d'autres provinces, il les embellit en y exécutant des travaux importants.

Il vint dès lors se fixer à Paris (1774), acheta la charge de commissaire-voyer, qui l'établit architecte du Jardin du Roi, et lui fit subir les magnifiques transformations qu'on admire encore.

Verniquet exécuta le plan de Paris, qui lui demanda 28 années de travail. Ce plan, composé de 72 feuilles grand-atlas, parut en 1796. Il était occupé à le perfectionner, quand la mort le surprit (26 novembre 1804).

RUDE (1784-1855). — François Rude est né à Dijon le 4 janvier 1784. Fils d'un poêlier de cette ville, il mania d'abord le marteau et manœuvra le soufflet. Mais sa vocation l'attirait ailleurs ; et, dans ses moments de loisir, il suivait les leçons de dessin du célèbre professeur Devosges, qui l'encouragea dans ses goûts, et lui ouvrit même sa bourse.

Ses essais furent favorisés par M. Frémiet, contrôleur des contributions directes à Dijon. Ami des arts, M. Frémiet n'hésita pas à acheter un remplaçant militaire au jeune Rude, afin de lui permettre de se consacrer entièrement à la sculpture.

En 1807, muni de recommandations excellentes, il se rend à Paris, se met en relation avec l'artiste Denon, entre dans l'atelier de Gaules, prend des leçons chez le sculpteur Cartellier, obtient le 2ᵉ grand prix de sculpture (1809) et le grand prix de Rome (1812).

La Restauration exila M. Frémiet. Rude, plein de reconnaissance pour son bienfaiteur, conduisit sa famille à Bruxelles, où il se lia avec le peintre David, également exilé. Ce fut dans cette même ville qu'il se maria à la jeune Sophie Frémiet, femme d'un esprit très cultivé, qui peignait admirablement et qui se fit l'auxiliaire de l'artiste dijonnais.

Rude travailla douze ans en Belgique et y fit des élèves ; quand il rentra à Paris en 1827, il était âgé de 43 ans, et dans tout l'éclat de son talent. Il marcha dès lors de succès en succès, et exécuta une foule de chefs-d'œuvre, qui l'ont classé parmi nos meilleurs sculpteurs. Citons, parmi les œuvres de Rude : *Le jeune pêcheur napolitain (1833)* ; — *Mercure rattachant ses talonnières pour remonter dans l'Olympe (1834)* ; — *Le départ des volontaires de 1792*, son groupe le plus important (1834-1836) ; et, parmi celles qu'il sculpta pour son département : la statue de *Monge* pour la ville de Beaune (1848) ; *Hébé*, et *L'aigle de Jupiter*, destinés au Musée de Dijon (1855) ; *Napoléon ressuscitant sur le rocher de Sainte-Hélène*, placé dans le parc de son ami Noisot, à Fixin (1847).

Rude mourut à Paris le 3 novembre 1855 d'une attaque d'apoplexie. Sa statue orne une des places de la ville de Dijon.

La croix de la Légion d'honneur récompensa Rude de ses beaux travaux (1ᵉʳ mai 1833).

D'autres artistes ont vu le jour dans la Côte-d'Or. Ce sont :

Les sculpteurs DUBOIS Jean (1626-1694); RAMEY (1754-1838); et JOUFFROY (1806-...);

L'architecte LEMUET (1591-1669);

Le peintre NAIGEON (1757-1832).

IV. — ORATEURS SACRÉS ET PROFANES

SAINT BERNARD, (1091-1153). — Saint Bernard, théologien, est né en 1091 au château de Fontaine-lès-Dijon. Son père, Tescelin, descendait des ducs de Châtillon-sur-Seine; sa mère, Élisabeth, était fille du comte de Montbard.

Il reçut une éducation très soignée dans l'école de Châtillon-sur-Seine, qui jouissait alors d'une grande renommée. A l'âge de 22 ans, il renonça au monde; et, doué déjà de cette force de persuasion qui devait le rendre si célèbre, il se retira, avec ses frères et amis, dans une maison particulière de Châtillon, appartenant aujourd'hui aux Ursulines, puis à l'abbaye de Cîteaux.

Il en sortit pour fonder le célèbre monastère de Clairvaux. Il y établit une règle sévère, adoptée bientôt par un grand nombre d'autres maisons religieuses, qui se placèrent sous la direction du saint abbé. Il fut longtemps en opposition avec le célèbre Abélard, qu'il poursuivit avec rigueur, et qu'il fit enfermer dans un monastère jusqu'à la fin de ses jours.

Le grand acte de la vie de saint Bernard fut la prédication de la seconde croisade. A l'assemblée de Vézelay (1148), sa parole vibrante, enthousiaste et persuasive, entraîna la multitude. Mais la croisade ne réussit pas, et on lui a injustement reproché l'insuccès de l'expédition.

Cet échec ne fut pas la seule tristesse de ses dernières années : il vit la foi catholique attaquée par les populations du Midi et s'efforça en vain de combattre l'hérésie naissante (Albigeois) par la parole. Enfin, fatigué, il se retira dans son abbaye de Clairvaux, où il se soumit à une pénitence rigoureuse. Il y mourut le 20 août 1153.

Il fut canonisé vingt ans après par le pape Alexandre III.

Saint Bernard exerça une influence considérable sur la société du temps; sa réputation de sainteté et son indépendance en avaient fait l'arbitre de l'Europe. Il a laissé une vaste correspondance, et des traités de théologie ou de morale. Son style est vigoureux, imagé, rempli de citations empruntées à la Bible.

PHILIPPE POT, (1428-1494). — Philippe Pot, fils de René Pot, filleul et favori du duc de Bourgogne, Philippe-le-Bon, naquit au château de la Roche-Pot en 1428. Il réunissait les plus rares qualités. Ce fut le chevalier le plus accompli de son temps. Ayant été fait prisonnier dans un combat contre les Turcs, il fut conduit devant Mahomet II et résista aux offres séduisantes du Sultan comme aux épreuves terribles auxquelles il fut soumis. Sa fermeté lui valut l'estime de ses ennemis et la liberté. Il avait employé ses heures de captivité à composer quelques pièces de poésie qui ne sont pas sans mérite.

Son éloquence le fit surnommer la *bouche de Cicéron*. Il fut décoré de l'ordre de la Toison d'Or à Saint-Omer, en 1461, choisi comme premier chambellan, nommé gouverneur de Lille et ambassadeur à Londres. Après la mort du Téméraire, Louis XI se l'attacha en rétablissant en sa faveur la charge de Grand-Sénéchal de Bourgogne, en 1477. Philippe Pot contribua beaucoup à la réunion de la Province à la Couronne et à l'extinction des troubles excités dans le Duché par le prince d'Orange.

Charles VIII supprima le Parlement de Dijon et le réunit à celui de Paris. Philippe Pot, députépar les magistrats et les États, porta la parole avec tant de dignité que le roi consentit au rétablissement du Parlement, et que lui-même fut choisi pour le gouvernement du Duché de Bourgogne. Sa douceur, sa sagesse, ses bienfaits lui firent décerner le nom de *Père de la Patrie*.

Député de la noblesse bourguignonne aux Etats-Généraux de 1484, il y fait entendre un langage d'une énergie et d'une hardiesse surprenantes pour son époque. Il y déclare que les Etats-Généraux sont les dépositaires de la suprême puissance, et que rien ne doit se faire sans leur avis et leur consentement.

Il mourut en 1494, pleuré de tous ses concitoyens, et fut inhumé à Citeaux.

BOSSUET (1627-1704). — Jacques-Bénigne Bossuet est né à Dijon, le 27 septembre 1627, de Bénigne Bossuet et de Madeleine Mochette. Ce fut le septième des dix enfants dont se composait la famille, qui était originaire de Seurre, et qui appartenait à la magistrature.

Les heureuses dispositions du jeune Bossuet annoncèrent ses succès futurs. Il commença ses études chez les Jésuites de Dijon et les acheva au collège de Navarre, à Paris. Bossuet se fit bien vite connaître par sa facilité d'élocution. Appelé à l'hôtel de Rambouillet, il y prononça une improvisation remarquable qui ne s'acheva qu'à onze heures du soir, ce qui fit dire à Voiture, vu le jeune âge de l'orateur (16 ans) : « qu'il n'avait jamais entendu prêcher ni si tôt, ni si tard. »

Reçu bachelier à vingt ans, docteur en Sorbonne à vingt-cinq, ordonné prêtre à vingt-six ans, ayant pour ami le prince de Condé, Bossuet se fixe, en 1654, à Metz comme archidiacre, d'où il est appelé en mission, tantôt à Dijon, tantôt à Paris. Il prêche l'avent et le carême de la Cour en 1661 et en 1662, et son éloquence frappe tellement Louis XIV, que le roi de France fait écrire au père de Bossuet pour le féliciter d'avoir un tel fils. De 1661 à 1669, il opère un grand nombre de conversions, parmi lesquelles celle de Turenne, et rédige dans ce but l'*Exposition de la doctrine de l'Église*.

Nommé à l'évêché de Condom, et, l'année suivante (1670), désigné comme précepteur du Dauphin, il écrit pour son élève le *Traité de la connaissance de Dieu* et le *Discours sur l'histoire universelle*.

Les soins donnés par Bossuet à l'éducation du Dauphin lui valurent l'évêché de Meaux (1681). Ce fut l'année suivante que se tint le concile de prélats français, dans lequel il fit adopter les propositions affirmant les *libertés de l'Église gallicane*.

Le génie de Bossuet brilla d'un vif éclat dans ses *Oraisons funèbres*, genre d'éloquence tout nouveau, qui fit école, et dans lequel il est resté au premier rang : oraisons d'Henriette d'Angleterre (1669); de la duchesse d'Orléans (1670); de la princesse Palatine (1685); du prince de Condé (1687).

Dans ses dernières années, il eut à combattre les doctrines mystiques de Fénelon; et il poursuivit l'évêque de Cambrai avec une aigreur que plusieurs ont qualifiée d'excessive. Fénelon se soumit et répudia ses doctrines.

Bossuet était atteint de la pierre. Il mourut après de cruelles souffrances, à Paris, le 12 avril 1704, dans sa 77e année. Il était membre de l'Académie française depuis 1671.

D'un caractère peu tolérant, Bossuet se montra partisan de l'Édit de Nantes; mais il n'approuva pas les mesures de rigueur employées pour convertir les protestants, et il s'opposa, dit-on, à leur introduction dans son diocèse.

Il était, avant tout, l'homme du devoir; et, dans toutes les situations qu'il a occupées, il se montra toujours observateur rigoureux des obligations de sa charge. Dès l'enfance, il fut travailleur infatigable, et cet amour du travail ne l'abandonna jamais.

Surnommé « l'aigle de Meaux » à cause de sa rare éloquence, Bossuet fut, peut-on dire, un génie universel; politique, théologien, philosophe, historien et orateur; et partout il se fit remarquer par l'ampleur de ses vues, l'étendue de ses conceptions, la profondeur de sa logique, la sublimité des pensées, l'élégance et la force du style.

Bossuet sera toujours l'honneur du département qui l'a vu naître.

LACORDAIRE (1802-1861). — Henri Lacordaire, fils de Nicolas Lacordaire, médecin, et de Anne-Marie Dugied, naquit à Recey-sur-Ource, le 12 mai 1802. Son père mourut en 1806, à Bussières, laissant quatre enfants dont Henri était le second; sa veuve se retira avec eux, à Dijon, auprès de sa famille.

Le jeune Henri fit ses études au lycée de Dijon, à l'École de droit de la même ville, et son stage d'avocat à Paris.

Après des débuts assez faibles au barreau, il entra, en 1824, au séminaire de Saint-Sulpice, fut ordonné prêtre en 1827, nommé aumônier dans un couvent de la Visitation à Paris, puis aumônier-adjoint au collège Henri IV (1828).

Lacordaire se lia avec Lamennais et collabora au journal l'*Avenir*, fondé le 15 octobre 1830 dans le but de rallier la démocratie à l'Évangile, et d'assurer le triomphe du catholicisme. Les idées professées par les rédacteurs de l'*Avenir* leur attirèrent des démêlés avec la justice, et la condamnation de leurs doctrines par le pape (15 août 1832). Lacordaire se soumit.

Chargé, en 1835 et en 1836, des prédications du carême de Notre-Dame, et mêlant la politique du moment à ses exhortations, Lacordaire eut un grand succès de parole. Il entra ensuite dans l'ordre des *Frères prêcheurs* et, revêtu du manteau blanc des Dominicains, reparut à Notre-Dame où les succès les plus brillants lui furent réservés (1841). De 1842 à 1848, il prêcha avec éclat à Lyon, à Toulouse, à Bordeaux, à Nancy, à Metz, à Liège, à Grenoble, à Dijon, etc.

Lacordaire obtint le rétablissement de l'ordre des Dominicains en France, et il en releva le premier couvent à Chalais, non loin de Grenoble.

La révolution de 1848 le rejeta dans la politique. Il fonda un nouveau journal, « *l'Ère nouvelle* », qui n'eut qu'une durée éphémère, et dans lequel il essayait de mettre d'accord la religion, la République et la liberté. Envoyé à l'Assemblée constituante par les électeurs des Bouches-du-Rhône, il y siégea à l'extrême gauche, au sommet de la Montagne. Mais il donna bientôt sa démission de constituant et reprit ses prédications.

Élu membre de l'Académie française en 1860, il se retira peu de temps après à Sorèze (Tarn), où il avait installé un collège de son ordre; il y mourut en 1861.

Le père Lacordaire avait une éloquence abondante, tirant sa valeur plutôt du mouvement et de l'action, que de la rigueur du raisonnement. Sachant unir à ses prônes des questions du jour, sa parole, toute d'actualité, produisait toujours beaucoup d'effet. Sa vie mouvementée n'eut qu'un but : *réconcilier le catholicisme, la liberté et les institutions modernes.* On l'a surnommé *le Romantique de la Chaire.*

Citons encore, comme orateurs sacrés de quelque mérite :

LENET (PHILIBERT) (1677-1748), qui prononça l'oraison funèbre de François d'Aligre, abbé de Saint-Jacques de Provins.

CLÉMENT (DENIS-XAVIER) (1606-1771), qui fut prédicateur du roi, et dont « l'éloquence mâle et vigoureuse » était appréciée de ses contemporains.

V. — HOMMES DE GUERRE

DE TAVANNES (1509-1573). — Gaspard de Saulx de Tavannes, maréchal de France, naquit à Dijon en 1509, d'une ancienne maison qui tirait son origine des comtes de Langres. Page de François Ier, il fut fait prisonnier à la bataille de Pavie, et se distingua dans toutes les guerres contre la maison d'Autriche. Il contribua beaucoup, par sa valeur et sa prudence, à la victoire de Cerisolles (1544); envahit les Trois-Évêchés en qualité de maréchal-de-camp, et s'empara de Metz (1552); prit une grande part à la victoire de Renti (1554), où la croix de l'ordre de Saint-Michel lui fut accordée comme récompense de sa belle conduite, et fut nommé lieutenant-général du gouvernement de Bourgogne.

Envoyé en 1556 en Italie comme maréchal-de-camp, il se chargea de ramener les troupes françaises, après le départ du duc de Guise, rappelé en France par le désastre de Saint-Quentin; et il s'acquitta de sa tâche avec succès.

Catholique ardent, il fut l'adversaire redoutable des protestants, et fut mêlé aux guerres civiles qui marquèrent cette triste période. Il prit part au Conseil dans lequel le massacre de la Saint-Barthélemy fut résolu ; et Brantôme annonce que de Tavannes, dans la matinée, parcourut les rues de Paris, l'épée à la main, en criant : « Saignez, saignez ; les médecins disent que la saignée est aussi bonne en tout ce mois d'août qu'en mai. »

Mais son fils, dans ses *Mémoires*, chercha à disculper son père de toute participation au massacre.

De Tavannes tomba malade pendant le siège de la Rochelle, se fit transporter au château de Suilly, près d'Autun, où il mourut bientôt (1573). Il était maréchal de France depuis 1570.

CARNOT (1753-1823). — Lazare-Nicolas-Marguerite Carnot, « l'organisateur des victoires » de la République, naquit à Nolay le 13 mai 1753, d'une famille très estimée dans le pays. Son père était notaire. « Vieille » famille d'ailleurs, comme l'attestent une multitude de » ces souvenirs matériels qui sont comme la consécra- » tion de la vraie noblesse ; ici, le puits Carnot ; là, le croit Carnot ; un peu plus loin, le noyer Carnot. » (*Petit Journal* du 5 septembre 1882).

Allez à Nolay ; les habitants, prenant des allures de pèlerins, se font un pieux devoir de vous faire visiter la maison Carnot, le clos Carnot, la statue Carnot. A l'accent profondément convaincu de leur langage, vous comprenez que la famille Carnot jouit, dans la localité, d'une sorte de culte qui se perpétue par tradition, et qui réunit l'unanimité des habitants dans cet hommage rendu aux vertus civiques et privées des membres de cette famille.

Carnot montra, dès son enfance, des dispositions remarquables pour les sciences exactes. Elève de Monge, il entra, à dix-huit ans, à l'école du génie de Mézières, d'où il sortit en 1773, après de brillantes études, en qualité de lieutenant en premier pour tenir garnison à Calais, au Havre, à Béthune et à Arras. Nommé capitaine en 1783, son *Eloge de Vauban* fut couronné, en 1784, par l'Académie de Dijon. Cette étude fut très appréciée ; la partie militaire surtout fit sensation, et appela même l'attention du frère du roi de Prusse, Henri, sur son auteur. Des offres de service dans l'armée du grand Frédéric furent faites à Carnot, qui était trop patriote pour les accepter.

Carnot accueillit la Révolution avec joie et conviction. Envoyé à l'Assemblée législative par le Pas-de-Calais, il entra dans le Comité militaire, où il se fit remarquer par son esprit pratique dans les mesures qu'il fit adopter pour la réorganisation de l'armée

Réélu à la Convention par le même département du Pas-de-Calais, « Carnot demeura ce qu'il avait été, toute la précédente législature : un soldat étranger à tous les partis, mais aussi un patriote énergique et toujours prêt à revendiquer la responsabilité de ses actes. » (*Petit Journal* du 5 septembre 1882). Il fut chargé par ses collègues, à titre de Commissaire extraordinaire, de la défense des Pyrénées (23 septembre 1792).

Envoyé en mission à l'armée du Nord (15 juillet 1793); nommé membre du comité de Salut Public (27 juillet); il se montra partout ardent patriote, organisateur consommé, tacticien de grande valeur. Les victoires de Hondschoote et de Wattignies prouvèrent qu'il savait joindre l'action à la théorie. Carnot fut l'âme de la résistance opposée aux armées de la coalition ; et c'est grâce à son activité, à ses aptitudes, à la direction qu'il sut donner aux opérations militaires, que nos armées prirent partout l'offensive. Tâche d'une grandeur sublime, qui devait attacher le nom de Carnot aux victoires et à l'enthousiasme des armées républicaines !

Néanmoins, avec l'éloignement du péril extérieur, des accusations furent dirigées contre l'homme qui avait su conduire, au pas de charge, nos armées à la victoire; mais la vie de l'austère patriote bourguignon était trop à l'abri des reproches, pour que ces accusations fussent suivies de mesures effectives.

Carnot fit partie du Conseil des Cinq-Cents et nommé membre du Directoire, où il resta chargé de la direction des affaires militaires. On connaît le plan grandiose qu'il conçut pour combattre les armées autrichiennes et qui aboutit au glorieux traité de Campo-Formio (1797).

Il fut victime du coup d'État du 18 fructidor (4 septembre 1797) et, proscrit, se retira en Allemagne.

Rentré aux affaires sous le Consulat ; élu tribun par le Sénat en 1802, Carnot lutta sans cesse contre les idées de césarisme de Bonaparte ; il vota, lui deuxième, contre le Consulat à vie ; et, seul, contre le rétablissement de l'Empire.

Il se retira et consacra ses loisirs à des études militaires qui eurent un grand retentissement ; le *Traité de la défense des places fortes* est de cette époque (1809);

mais devant les malheurs de la Patrie, après la désastreuse campagne de Russie, il offrit son épée à l'Empereur, et il défendit en désespéré la ville d'Anvers contre nos ennemis.

Pendant les Cent-Jours, Napoléon, pour donner satisfaction à l'opinion républicaine, nomma Carnot au Ministère de l'Intérieur, et le nouveau ministre fit tout son possible pour s'opposer au retour des Bourbons.

Il ne fut pas épargné par ces derniers, et ses titres à la reconnaissance publique s'effacèrent devant l'esprit de parti. Exilé, il alla à Varsovie pour se fixer de là à Magdebourg, où il s'occupa de l'éducation de sa famille ; il y mourut le 2 août 1823, et son corps repose toujours dans le cimetière de cette ville. Pour monument, une simple pierre avec ce grand nom : Carnot.

Outre les deux ouvrages cités plus haut, nous avons de Carnot : *Essai sur les machines* (1786) ; — *Métaphysique du calcul infinitésimal* (1797) ; — *La Géométrie de position* (1803) ; — *Mémoire adressé au roi en juillet 1814*, contenant la critique des actes du Gouvernement.

L'inauguration de la statue de Carnot a eu lieu à Nolay le 3 septembre 1882. Cette statue en bronze mesure trois mètres de hauteur et repose sur un piédestal de quatre mètres.

« Lorsque des étrangers s'arrêteront devant cette statue
« et demanderont aux habitants de Nolay qui elle repré-
« sente, les uns répondront : C'est un soldat qui servit
« la France dans les temps les plus difficiles, et qui con-
« tribua à sauver l'indépendance nationale. D'autres di-
« ront : c'est un savant, qui a agrandi le domaine de la
« science ; d'autres : c'est un bon citoyen, un des fon-
« dateurs de la République. Moi son fils, je vous prie
« de répondre, d'une voix plus haute et plus ferme en-
« core : Ce fut un homme de cœur et un homme de
« bien. » (Paroles prononcées, le 3 septembre 1882, par M. Lazare-Hippolyte Carnot, alors âgé de 81 ans et aujourd'hui décédé.)

JUNOT (1771-1813). — Andoche Junot, duc d'Abrantès, général du premier Empire, naquit à Bussy-le-Grand le 28 octobre 1771, de parents aisés, adonnés aux travaux des champs. Destiné au barreau, il étudiait le droit quand il s'engagea dans le premier bataillon de volontaires de la Côte-d'Or. Sa valeur lui fit donner le surnom de *La Tempête*.

Bonaparte remarqua son sang-froid au siège de Toulon, et se l'attacha bientôt en qualité d'aide de camp.

Junot suivit son général en Italie et en Égypte. La résistance opiniâtre qu'il opposa aux Turcs, au combat de Nazareth, en Palestine (1800), forma un des principaux épisodes de la campagne. Il y devint général de brigade.

Nommé plus tard Grand-Aigle de la Légion d'honneur, commandant de la ville de Paris, général de division, colonel général des hussards, et, en 1805, ambassadeur à Lisbonne, Junot prit part à la campagne de 1805, et se distingua à la bataille d'Austerlitz.

Choisi, en 1807, pour envahir le Portugal et y établir l'influence française, Junot prit Lisbonne, et sa conduite, au-dessus de tout éloge, lui valut le titre de *Duc d'Abrantès* avec les fonctions de Gouverneur du Portugal. Attaqué par une nombreuse armée anglaise, Junot conclut la capitulation honorable de Cintra (30 août 1808), et ramena ses troupes en France; cette capitulation entraîna pourtant la disgrâce du général français, que nous voyons ensuite reparaître dans la campagne d'Allemagne de 1807, au siège de Saragosse, en Espagne, et en Portugal (1810); en Russie (1812), en Illyrie enfin comme Gouverneur général.

Mais les douleurs que lui causaient ses anciennes blessures et ses chagrins politiques affaiblirent ses facultés. Ramené chez son père, à Montbard, le 12 juillet 1813, il y était à peine arrivé que, pris d'un accès de fièvre chaude, il se jeta d'une fenêtre du premier étage dans la cour et se fractura la cuisse. L'amputation ayant été jugée nécessaire, l'opération entraîna la mort du duc d'Abrantès (28 juillet 1813).

Vaillant soldat, Junot n'avait pas les qualités nécessaires au commandant de corps d'armée et au général en chef.

Il s'était marié en 1799, à mademoiselle Laure de Saint-Martin Permont, qui descendait, par sa mère, de la famille impériale des Comnène. La duchesse d'Abrantès était une femme supérieure et d'un esprit cultivé : elle a laissé plusieurs romans et dix-huit volumes de mémoires curieux à plus d'un titre, surtout sur les habitudes de la Cour impériale.

Junot était lui-même un ami des beaux-arts ; il avait réuni une collection de tableaux d'une grande valeur.

MARÉCHAL DE MARMONT (1774-1852).

— Auguste-Frédéric-Louis Viesse de Marmont, duc de Raguse, naquit à Châtillon-sur-Seine le 20 juillet 1774. Il était fils de Nicolas-Edme Viesse de Marmont, écuyer, capitaine au régiment de Hainaut, et de Clotilde-Hélène-Victoire Chappron.

Il commença ses études au collège de Châtillon et les acheva à Dijon. Ses dispositions pour les mathématiques l'engagèrent à entrer à l'école d'artillerie de Châlons-sur-Marne.

Marmont connut Bonaparte à Dijon, alors que ce dernier était en garnison à Auxonne ; et ils se retrouvèrent au siège de Toulon. Il fit, comme aide de camp de Bonaparte, la campagne d'Italie, de 1796-97, et s'y distingua par sa bravoure.

Il l'accompagna encore en Egypte ; et, après le 18 brumaire, il fut nommé Conseiller d'Etat à la guerre, Directeur de l'Ecole militaire et commandant de l'artillerie de réserve.

Il contribua largement à la victoire de Marengo (1800), et sa belle conduite lui valut le grade de général de division.

Nommé ensuite Inspecteur Général de l'artillerie, il signala son inspection par d'utiles réformes, améliorant et simplifiant le service de cette arme.

Il prit part à la campagne de 1807, gagna la bataille de Castel-Nuovo, (Albanie), et y obtint le titre de duc de Raguse. La campagne de 1809 contre l'Autriche fut particulièrement glorieuse pour lui : elle lui valut le bâton de maréchal.

Marmont fut nommé gouverneur des provinces Illyriennes, qu'il pacifia, et reçut, en 1811, le commandement de l'armée de Portugal ; blessé à la journée des Arapiles, il rentra en France.

Il n'était pas encore guéri lors de la campagne d'Allemagne de 1813 ; cependant, il se couvrit de gloire aux batailles glorieuses de Lutzen, de Bautzen, de Dresde ; fut blessé à Leipsick, et chargé, en 1814, de la défense de Paris.

La capitulation de Paris le rendit impopulaire.

La Restauration le combla d'honneurs ; et il fut, une nouvelle fois, chargé, aux Journées de Juillet (1830), de la défense de Paris.

Il se retira à l'étranger sous le gouvernement de Juillet et mourut à Venise, le 3 mars 1852.

Marmont fut le bienfaiteur de l'arrondissement de Châtillon-sur-Seine : il consacra une grande partie de sa fortune à l'amélioration des procédés de culture en usage dans le pays; à l'élevage des moutons mérinos; à la fondation de plusieurs établissements industriels : vermicellerie, sucrerie, et surtout, forges à laminoirs de Châtillon. Ces transformations donnèrent un grand essor à l'agriculture et à l'industrie locales, et enrichirent l'arrondissement.

Marmont faisait partie de l'Académie des Sciences depuis 1816. Il nous a laissé plusieurs ouvrages : *Voyage en Hongrie*; — *Esprit des Institutions militaires*; — *Mémoires*.

BARON DE ROUSSIN (1781-1854). — Albin-Reine Roussin est né à Dijon, le 21 avril 1781.

Mousse à douze ans, aspirant de première classe à vingt ans, il se fit remarquer dans les mers de l'Inde. A vingt-six ans, il obtenait le grade de lieutenant de vaisseau et recevait le commandement d'une corvette destinée à croiser dans les golfes Persique et du Bengale. Fait prisonnier à la suite d'un furieux combat livré, le 28 octobre 1808, contre une frégate anglaise; remis bientôt en liberté, il reprit du service et passa plusieurs années dans les parages de l'Ile-de-France, se distinguant par sa valeur dans une série de combats glorieux.

De retour en France, il fut promu au grade de capitaine de vaisseau et nommé chevalier de Saint-Louis (1814). Désigné pour diriger une exploration hydrographique sur les côtes occidentales de l'Afrique (1816), et en 1819 pour un voyage du même genre sur les côtes du Brésil, il remplit ces deux missions avec un zèle et un succès qui lui valurent le titre de baron (octobre 1820).

Nommé contre-amiral le 17 août 1822, il entra dans le conseil d'amirauté, et fit adopter ses conclusions sur la création du vaisseau l'*Ecole de Brest*, destiné à favoriser l'éducation des jeunes gens qui se destinent à la marine (1826).

Chargé en 1828 d'aller demander des réparations au gouvernement du Brésil, il obtint toutes les satisfactions réclamées, et, à son retour, fut élu membre de l'Académie des Sciences.

L'expédition qu'il dirigea en 1831 contre le Portugal, et dans laquelle il força l'entrée du Tage, fut couronnée d'un plein succès, et lui valut le grade de vice-amiral (27 juillet), ainsi que son élévation à la préfecture maritime de Brest. En 1832, il fut nommé pair de France et envoyé comme ambassadeur à Constantinople. Il reçut, le 19 janvier 1836, le cordon de grand'croix de la Légion d'honneur.

Rappelé en France le 18 septembre 1839, il acceptait, le 1er mars 1840, le portefeuille de la marine sous le ministère Thiers. Dans ses nouvelles fonctions, Roussin se montra à la hauteur de la tâche difficile qui lui incombait, et sut imprimer aux affaires une marche conforme aux intérêts commerciaux de notre patrie. Il quitta bientôt le ministère avec M. Thiers et reçut le titre d'amiral (30 octobre 1840).

Rentré aux affaires sous M. Guizot (1843), l'état de sa santé le força bientôt d'y renoncer. Il mourut à Paris le 21 février 1854.

Il nous a légué quelques ouvrages où il traite de questions spéciales à la marine.

VICOMTE DE GRANCEY (1831-1870). — Antonin de Mandat, vicomte de Grancey, est né à Grancey-le-Château, le 28 mars 1831, d'une ancienne famille ayant rendu de grands services à la France.

Il entra à l'Ecole navale en 1847; visita les côtes de la Méditerranée et de l'Espagne en 1849-1850; fut promu aspirant de première classe en 1852, et prit part à l'expédition de Crimée avec le titre d'enseigne de vaisseau (1854).

Le 28 avril 1855, en récompense de ses services en Orient, il était nommé chevalier de la Légion d'honneur.

Rentré dans ses foyers en 1855, il visita les côtes d'Islande en 1856, et prit part à l'expédition de Chine, où il se fit remarquer par son ardeur au feu et son intelligente initiative.

L'expédition de Cochinchine lui valut le grade de lieutenant de vaisseau; mais le climat meurtrier de l'Extrême-Orient le força de rentrer en France.

Après un court séjour dans les eaux de Naples, à bord du vaisseau *l'Impérial*, on l'appela à Paris (1861) pour y remplir les fonctions d'officier d'ordonnance du ministre de la Marine.

Bientôt, malgré les offres séduisantes qui lui furent faites, et les regrets d'un passé glorieux, il quitta la carrière des armes pour épouser la fille aînée de M. le duc de Rivière (14 janvier 1863).

Nos premiers désastres de 1870 le trouvèrent debout: le 10 septembre, M. de Grancey était à Paris à la tête des mobiles de son département; et il obtenait bientôt le commandement supérieur de toutes les troupes placées en première ligne.

Payant de sa personne, toujours à la tête de ses soldats, et les excitant par son exemple; faisant preuve partout de sang-froid et d'héroïsme, il recevait, après les rudes combats de Clamart, de Châtillon, et de Bagneux, le grade de colonel et le titre d'officier de la Légion d'honneur.

Le 2 décembre, il tombait à Champigny, en cherchant à rallier ses soldats et à les pousser en avant. L'ordre du jour du 19 décembre portait ces mots : « De Grancey, colonel commandant le régiment de la garde mobile de la Côte-d'Or, tué à la tête de son régiment, qu'il entraînait par son exemple. — Officier supérieur d'une bravoure hors ligne, dont il avait donné des preuves éclatantes à l'attaque du village de Bagneux, le 13 octobre. »

A ces noms on peut encore ajouter les suivants :

THUROT (1727-1760), capitaine de corsaires, qui s'illustra surtout durant la guerre de Sept Ans.

Le général VEAUX (1764-1817), qui conquit tous ses grades dans les guerres de la Révolution et de l'Empire.

VI. — DIVERS

COMTE DE VERGENNES (1717-1787). — Charles Gravier, comte de Vergennes, diplomate, naquit à Dijon le 28 décembre 1717, d'une famille de magistrats.

Il fit ses débuts comme diplomate, sous M. de Chavigny, oncle de sa belle-sœur, qui l'emmena successivement à Lisbonne (1740) et à Francfort (1743). En 1750, il était envoyé comme ministre du roi auprès de l'électeur de Trèves.

De Vergennes y fit preuve d'une grande perspicacité et d'une fermeté rare qui assurèrent l'influence de la diplomatie française auprès de l'électeur palatin, et déjouèrent la politique tortueuse des Anglais, toute dévouée aux intérêts de la cour de Vienne.

Les services rendus par de Vergennes et ses qualités exceptionnelles le firent désigner, en 1755, pour l'ambassade importante de Constantinople. La situation y était fort délicate et extrêmement difficile. La guerre de succession d'Autriche commençait, et la Turquie était excitée à prendre parti contre la France : de Vergennes parvint, à force d'habileté, de savoir-faire et de tact, à faire accepter à la Turquie une politique de neutralité.

Lors des troubles qui éclatèrent en Pologne, à la suite de la mort de son roi, Auguste II (1768), le duc de Choiseul transmit à de Vergennes l'ordre d'employer tous les moyens pour provoquer une déclaration de guerre entre la Turquie et la Russie; mais de Vergennes mit des lenteurs à exécuter des ordres qui répugnaient à sa nature franche et honnête, et il fut rappelé. Il partit de Constantinople emportant des regrets unanimes, et se retira en Bourgogne dans sa terre de Toulongeon.

A la chute de Choiseul, il fut envoyé en Suède (1771). Le pays était divisé en factions qui amenèrent la révolution du 19 août 1772, au succès de laquelle on prétendit que de Vergennes ne resta pas étranger. Quoi qu'il en soit, il travailla à l'affermissement du pouvoir établi, en donnant au roi de Suède de sages conseils. A cette occasion, la cour de Versailles le nomma conseiller d'État d'épée.

De Vergennes fut appelé au ministère des Affaires étrangères à l'avènement au trône de Louis XVI. Il fut au ministère ce qu'il avait été dans ses ambassades : honnête, consciencieux, loyal et sincère; se dévouant tout entier aux affaires de l'État, s'efforçant de maintenir la France en bonnes relations avec ses voisins; laborieux, adoptant une politique de temporisation, en rapport avec le caractère du roi qu'il servait.

Il resta au ministère jusqu'à sa mort, qui survint le 13 février 1787. Louis XVI avait foi en la sagesse et en l'esprit politique de de Vergennes.

GRAPIN (1753-1822). — Laurent Grapin, qui se fit remarquer par son dévouement pendant les sombres journées de la Terreur, naquit à Magny-Lambert en 1773 de cultivateurs aisés et bien considérés.

Tailleur d'habits à Paris, il s'occupa de fournitures pour l'habillement des troupes et parvint à l'aisance.

Patriote dès l'aurore de la Révolution, officier de la garde nationale, Grapin s'employa tout entier à sauver des prisons les victimes que la fureur populaire y avait réunies. Aux journées de septembre, il eut le bonheur d'arracher à la mort plus de trois cent cinquante de ses concitoyens.

Ennemi des factions et rigide observateur des lois, il s'attira la haine des anarchistes, et une détention de dix-huit mois fut le prix de son civisme et de son humanité.

A sa sortie de prison, Grapin continua sa vie de dévouement; il sut de nouveau se rendre utile lors de l'explosion de Grenelle, qui fit un grand nombre de victimes.

Ruiné, Grapin revint à Magny-Lambert cultiver l'héritage de ses pères, et il y mourut le 9 juillet 1822.

« Il est peu de citoyens qui aient autant de droit que Grapin à la reconnaissance nationale. »

FROCHOT (1761-1828). — Nicolas-Théodore Benoist, comte de Frochot, préfet de Paris, naquit à Aignay-le-Duc, le 21 mars 1761.

Avocat au Parlement de Dijon, il exerça bientôt les charges de notaire et de prévôt royal dans son village natal.

Esprit brillant et libéral, il fut chargé de la rédaction des cahiers de doléances du Tiers-Etat et envoyé aux Etats-Généraux pour le bailliage de la Montagne. Il y devint l'un des amis les plus sincères du grand Mirabeau.

A la fin de la Constituante, il se fixa à Aignay-le-Duc et y fut élu juge de paix. Pendant la Terreur, il devint suspect et fut emprisonné au château de Dijon ; la chute de Robespierre le sauva d'une mort certaine.

Elu au Corps législatif après le 18 brumaire, il fut bientôt élevé à la Préfecture de la Seine et s'y montra actif, administrateur dévoué et consciencieux.

Populaire et aimé de Napoléon, il fut successivement nommé conseiller d'Etat, commandeur de la Légion d'Honneur, comte, et grand-officier.

Il encourut, en 1812, la disgrâce la plus complète et fut destitué. Pendant les Cent-Jours, il occupa la préfecture des Bouches-du-Rhône ; mais, à la seconde Restauration, il quitta la carrière politique et se retira dans sa terre d'Etuf, près d'Arc-en-Barrois. Il s'y occupa d'agriculture, d'industrie, et y mourut le 29 juillet 1828.

Citons deux autres illustrations de la Côte-d'Or :

CHAVIGNY (de) (1687-1760), qui se distingua comme diplomate sous les règnes de Louis XIV et de Louis XV.

JACOTOT (1770-1840), auteur d'un système d'éducation qui eut son heure de célébrité.

FIN

TABLE ALPHABÉTIQUE

DES PERSONNAGES REMARQUABLES DE LA CÔTE-D'OR

	Pages		Pages
Aubriot	54	Languet (Hubert)	43
Béguillet	43	Larcher	54
Bernard (St)	58	Le Gouz de Gerland	43
Bossuet	60	Lemuet	58
Bouhier	36	Lenet (Philibert)	63
Brosses (de)	39	Lenet (Pierre)	43
Buffon	45	Marmont (de)	68
Carnot	64	Monge	50
Cazotte	40	Monnoye (de la)	35
Chasot de Nantigny	53	Naigeon	58
Chaussier	54	Nisard	42
Chavigny (de)	74	Papillon (Almaque)	43
Chevanes (de)	53	Papillon (Philibert)	53
Clément (Denis)	63	Philandrier	54
Clément (Dominique)	54	Piron	38
Clément (Jean-Marie)	43	Pot (Philippe)	59
Courtépée	43	Prieur	52
Crébillon	36	Rameau	55
Daubenton	46	Ramey	58
Despériers	34	Rolle	52
Dubois (Jean)	58	Roqueleyne (de)	43
Dubois (Jean-Bte)	41	Roussin (de)	69
Durande	54	Rude	57
Durey de Noinville	33	Salins (de)	53
Duryer	53	Sallier	53
Frochot	73	Saumaise (Bénigne de)	53
Grapin	73	Saumaise (Claude de)	44
Grancey (de)	70	Savot	53
Guéneau de Montbéliard	47	Tabourot des Accords	43
Guyton de Morveau	49	Tavannes (de)	63
Jacotot	74	Thurot	74
Jouffroy	58	Veaux	72
Junot	66	Vergennes (de)	72
Lacordaire	61	Verniquet	56
Languet de Gergy	43		

ÉMILE COLIN. — Imprimerie de Lagny.

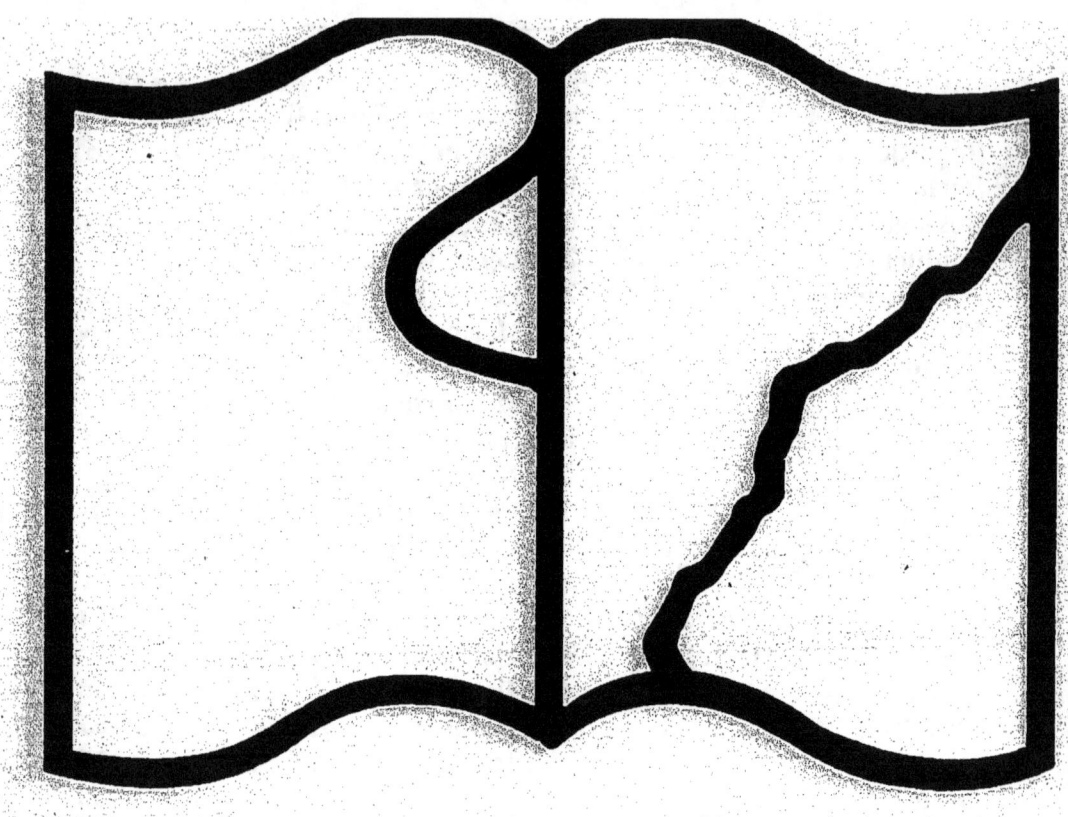

Texte détérioré — reliure défectueuse

NF Z 43-120-11

www.ingramcontent.com/pod-product-compliance
Lightning Source LLC
LaVergne TN
LVHW051457090426
835512LV00010B/2202